妖精《ようせい》なんでも入門《にゅうもん》

ヴィラ

——東《ひがし》ヨーロッパ

山《やま》に住《す》む、若《わか》くて美《うつく》しい妖精《ようせい》で、白《しろ》い服《ふく》を着《き》て、長《なが》い髪《かみ》をしている。

子《こ》どもを叱《しか》る母親《ははおや》が、

「〝ヴィラ〟か悪魔《あくま》が連《つ》れていってしまえばいい」

と口走《くちばし》ったりすると、ほんとうにその子《こ》を連《つ》れていってしまうことがある。

〝ヴィラ〟は、あまり人間《にんげん》に害《がい》を加《くわ》えないが、さくらんぼの木《き》の下《した》などで、陽気《ようき》になって踊《おど》っていると、その輪《わ》のなかに、ふみこんでくることがある。

〝ヴィラ〟は、気《き》に入《い》った男《おとこ》には、成功《せいこう》の手助《てだす》けをする。〝ヴィラ〟に気《き》に入《い》られた男《おとこ》はとくに、〝ヴィレニク〟と呼《よ》ばれる。

〝ヴィラ〟はふつう、雄鹿《おじか》に乗《の》っていて、ときには、恋《こい》する鹿《しか》の悲《かな》しみをなぐさめることもある。

妖精《ようせい》なんでも入門《にゅうもん》

こわれたシャベル

イギリス

ある農夫《のうふ》が、〝ピクシー塚《づか》〟のそばを通《とお》ったときだった。ふと、子《こ》どもの泣《な》き声《ごえ》のようなものが聞《き》こえた。不思議《ふしぎ》に思《おも》った農夫《のうふ》が、その声《こえ》のほうへ近寄《ちかよ》ってみると、そこには、二つに割《わ》れた子《こ》ども用《よう》のシャベルがあった。

農夫《のうふ》は、そのこわれたシャベルを手《て》に取《と》ると、ていねいに直《なお》してやり、

「さあ、もう泣《な》くんじゃないよ」

と言《い》うと、仕事《しごと》に行《い》った。

帰《かえ》り道《みち》、農夫《のうふ》が同《おな》じ場所《ばしょ》を通《とお》りかかると、おいしそうな焼《や》きたてのケーキが置《お》いてあった。農夫《のうふ》は、さっそくそれを食《た》べると、

「ああ、おいしかったよ、ぼうや」

とささやいた。

その後《ご》、農夫《のうふ》は、ずっと栄《さか》えたという。

妖精《ようせい》なんでも入門《にゅうもん》

ドラク

——————フランス

〝ドラク〟は川《かわ》の洞穴《どうけつ》に住《す》んでいる妖精《ようせい》で、しばしば、金《きん》の指輪《ゆびわ》や杯《さかずき》に姿《すがた》を変《か》え、川《かわ》の水面《すいめん》を流《なが》れていく。そして、それをつかもうと手《て》をのばす女《おんな》や子《こ》どもを、水底《すいてい》へ引《ひ》っぱりこむのだ。とくに乳《ちち》を飲《の》ませている女性《じょせい》をねらう。というのも、母親《ははおや》をなくした自分《じぶん》の子《こ》どもたちの世話《せわ》をさせるためである。

ある女性《じょせい》の話《はなし》がある。

川《かわ》で洗濯《せんたく》をしていると、木《き》の鉢《はち》が流《なが》れてきたので、拾《ひろ》おうと、彼女《かのじょ》は手《て》をのばした。すると、〝ドラク〟に手《て》を引《ひ》かれ、水中《すいちゅう》へ連《つ》れこまれた。彼女《かのじょ》は、川《かわ》の洞穴《どうけつ》にある宮殿《きゅうでん》のようなところに連《つ》れていかれ、〝ドラク〟の息子《むすこ》の乳母《うば》にさせられた。しかし、七年後《ねんご》には、けがもなく、地上《ちじょう》に戻《もど》された、ということである。

妖精《ようせい》なんでも入門《にゅうもん》

モルガン

——————ロシア

〝モルガン〟は、男《おとこ》の人魚《にんぎょ》の姿《すがた》をした水《みず》の精《せい》である。湖《みずうみ》から出《で》てきては、わんぱくで、冒険心《ぼうけんしん》のおうせいな子《こ》どもをさらっていくと、信《しん》じられている。

イギリスのウェールズ地方《ちほう》というところの〝モルガン〟は男《おとこ》だが、フランスのブルターニュ地方《ちほう》のものは、女《おんな》の人魚《にんぎょ》である。もともと女《おんな》だった〝モルガン〟を、ウェールズ地方《ちほう》の人々《ひとびと》が、男《おとこ》にしてしまったのではないか、という人《ひと》もいる。というのも、ウェールズ地方《ちほう》の水《みず》の精《せい》は、すべて男《おとこ》だからだ。

水《みず》の精《せい》で有名《ゆうめい》なものに、ロシアの〝ヴォジャーイ〟がいる。老人《ろうじん》の姿《すがた》をしていて、いつも裸《はだか》。髪《かみ》は緑《みどり》。湖《みずうみ》をすみかとしていて、やはり、子《こ》どもをどこかへ連《つ》れ去《さ》ってしまう。

妖精《ようせい》ときつつき

——インドシナ

ある日《ひ》、妖精《ようせい》が、食《た》べものをさがして、ジャングルをさまよっていた。ひとりぼっちで心細《こころぼそ》かった妖精《ようせい》は、きつつきに、食《た》べものをさがすのを手伝《てつだ》ってもらった。

お礼《れい》に食事《しょくじ》をごちそうしようと、妖精《ようせい》は、きつつきを、自分《じぶん》の家《いえ》に連《つ》れてきた。と、急《きゅう》にきつつきが、森《もり》のなかへ飛《と》んでいってしまった。見《み》ると、家《いえ》のまえには、男《おとこ》の人《ひと》がひとり立《た》っているのだった。

またひとりぼっちになってしまった妖精《ようせい》は、その男《おとこ》の人《ひと》を家《いえ》に招《まね》き入《い》れると、食事《しょくじ》をごちそうした。

食事《しょくじ》のあと、男《おとこ》の人《ひと》は、急《きゅう》に精《せい》霊《れい》の姿《すがた》に変《か》わって、妖精《ようせい》に言《い》った。

「あなたも私《わたし》もひとりぼっちだ。夫婦《ふうふ》になっていっしょに暮《く》らそう」

驚《おどろ》いた妖精《ようせい》は、あわてて森《もり》に逃《に》げこんだ。

ウォーム

イギリス

〃ウォーム〃は、イギリスの伝説《でんせつ》上《じょう》の巨大《きょだい》な怪物《かいぶつ》である。だいたい、龍《りゅう》や蛇《へび》のような形《かたち》をしているが、うなぎや馬《うま》、いもりなどに似《に》ているという地方《ちほう》もある。

この怪物《かいぶつ》の代表《だいひょう》は、〃ランプトン・ウォーム〃と〃メスター・ストウー・ウォーム〃だろう。

〃ランプトン・ウォーム〃は、巨《きょ》大《だい》なとかげのような形《かたち》をしていて、丘《おか》や川《かわ》のなかの大岩《おおいわ》の上《うえ》にとぐろを巻《ま》いている。二つに切《き》り裂《さ》いても、ふたたび、もとのからだに戻《もど》る。口《くち》からは炎《ほのお》を吐《は》くが、むしろ、そこに含《ふく》まれる毒気《どくけ》が恐《おそ》ろしい。

〃メスター・ストウー・ウォーム〃は巨大《きょだい》な海蛇《うみへび》だ。この〃ウォーム〃は、泥炭《でいたん》を飲《の》みこまされ、体内《たいない》の脂肪《しぼう》に火《ひ》がついて、からだじゅうを燃《も》やしながら、死《し》んだ。

トロル

――北欧《はくおう》

〝トロル〟は、丘《おか》や塚《つか》、土手《どて》のなかに住《す》んでおり、「丘《おか》の人《ひと》」とも呼《よ》ばれている。

たいへん金持《かねも》ちで、金《きん》や水晶《すいしょう》でできた家《いえ》に住《す》んでいる。金《かね》がいっぱいつまったおひつを目撃《もくげき》した人《ひと》もいるという。

〝トロル〟は、親切《しんせつ》で、人《ひと》づき合《あ》いがよく、人間《にんげん》に金《かね》を貸《か》したりもする。ただ一つ、わるいくせは、盗《ぬす》みであり、ときには、女性《じょせい》や子《こ》どもまで盗《ぬす》む。

〝トロル〟の背中《せなか》には、大《おお》きなこぶがあり、鼻《はな》は長《なが》く、先《さき》が鉤《かぎ》のように曲《ま》がっている。ふつうは、灰《はい》色《いろ》のジャケットを着《き》ており、先《さき》のとがった赤《あか》い帽子《ぼうし》をかぶっている。

また、〝トロル〟には、未来《みらい》のできごとを予知《よち》する能力《のうりょく》がそなわっているという。

とらえられた妖精《ようせい》

——イギリス

ある老女《ろうじょ》が、家《いえ》に帰《かえ》るとちゅう、小《ちい》さな生《い》きものが、ぴょんぴょんはねているのを見《み》つけた。なんだろうと思《おも》って見《み》てみると、それは、人《ひと》をさらうといわれている〝ピクシー〟だった。

老女《ろうじょ》は、〝ピクシー〟をつまみ上《あ》げ、バスケットのなかに入《い》れると、すばやくふたを閉《し》めた。自分《じぶん》がさらわれるまえにさらってしまい、みんなに自慢《じまん》してやろう、と考《かんが》えたのだ。

バスケットのなかでは、〝ピクシー〟が、なにかわめいていたが、そのうちに、ぴたっと静《しず》かになった。おやっ？　と思《おも》って老女《ろうじょ》がのぞくと、バスケットのなかは、いつのまにかからっぽになっていた。

老女《ろうじょ》は、一瞬《いっしゅん》のうちに、自慢《じまん》のたねを失《うしな》ったのだった。

妖精大百科

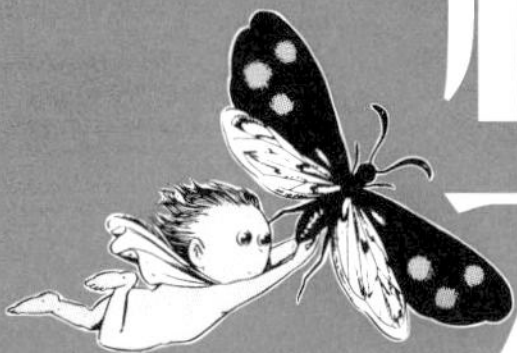

水木しげる

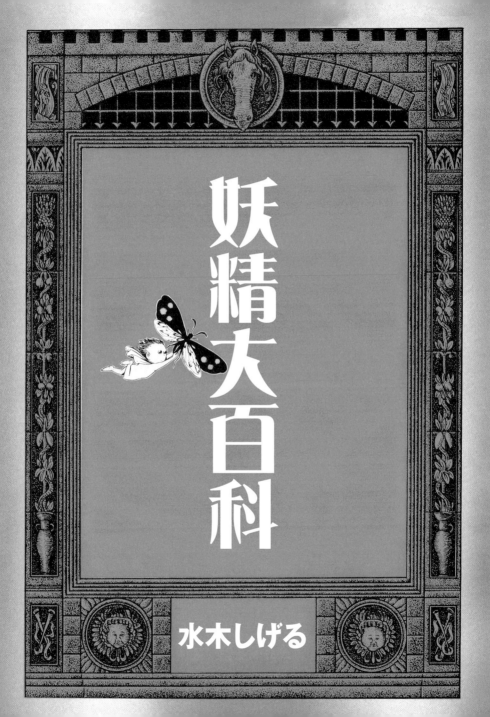

はじめに

私《わたくし》たちは、ふつう、妖精《ようせい》や妖怪《ようかい》を見《み》ることもできなければ、それにふれることもできない。彼《かれ》らは、好《す》きなときに現《あら》われたり、消《き》えたり、まったく、変幻自在《へんげんじざい》だ。

そんなばかなものがいるというのは、どういうことなのだろう？

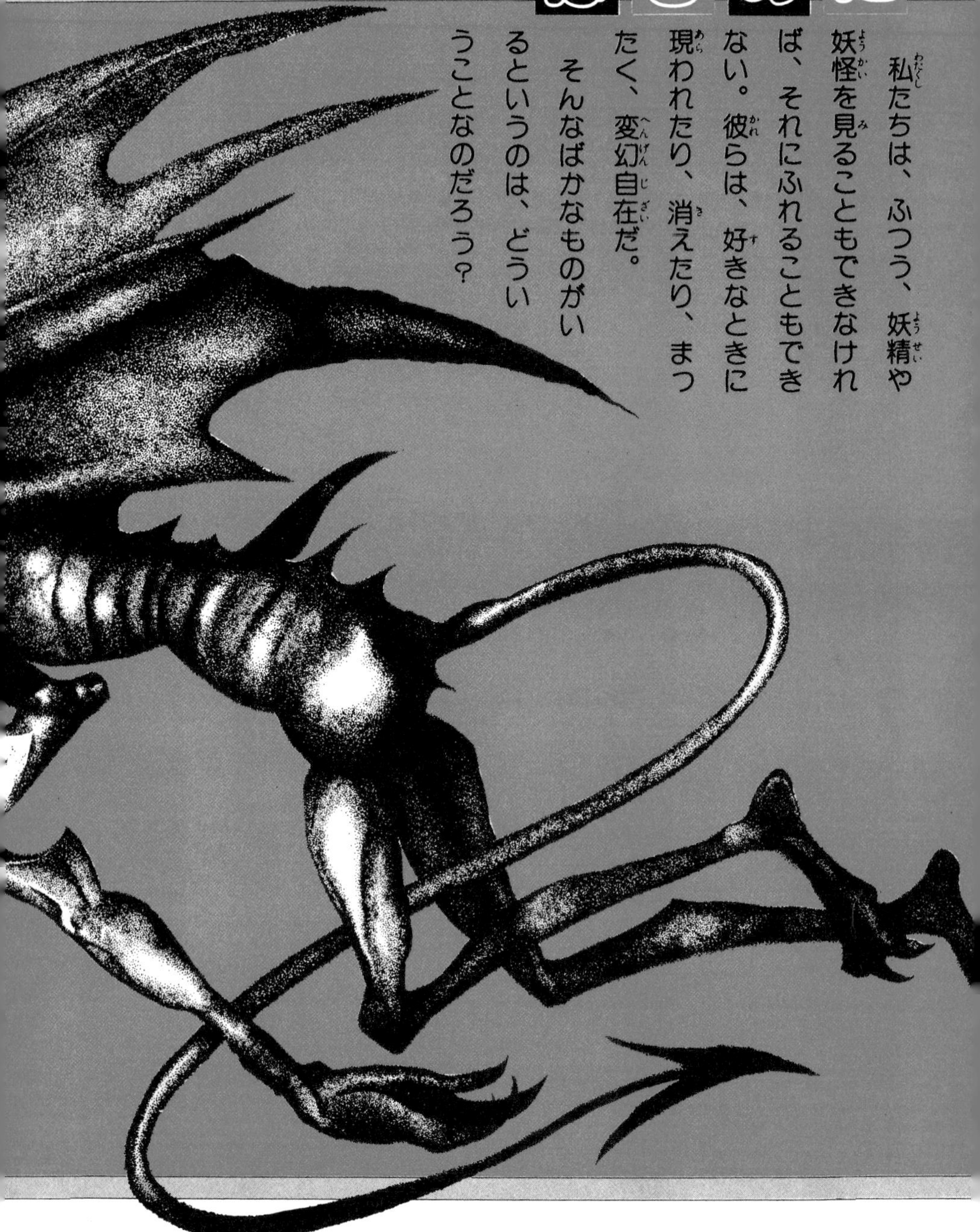

このことについて、勝手《かって》なことを言《い》い、答《こた》えを出《だ》すことは、いくらでもできるが、すべてが、その答《こた》えで解《かい》決《けつ》する、というわけにはいかない。

「人間《にんげん》の想像力《そうぞうりょく》が作《つく》ったものだ」

と言《い》う人《ひと》もいる。

しかし、妖精《ようせい》や妖怪《ようかい》のなかには、想像力《そうぞうりょく》だけではかたづかないものがたくさんある。

「いったい、妖精《ようせい》や妖怪《ようかい》とはなんなのか？」

このことを見《み》きわめるには

静《しず》かに観察《かんさつ》をくり返《かえ》すほかないのかもしれない。

妖精《ようせい》や妖怪《ようかい》のなかには、一《ひと》筋《すじ》なわではいかないものが、ずいぶんいる。ヨーロッパの妖精《ようせい》にしても、ほんとうのものは、物語《ものがたり》のように甘《あま》くはない。妖精《ようせい》というものは、むしろ不気味《ぶきみ》で、日本《にっぽん》の妖怪《ようかい》たちに似《に》たもののようである。

では、外国《がいこく》の奇怪《きかい》なかたがたを紹介《しょうかい》しよう。

水木しげる

妖精大百科 目次

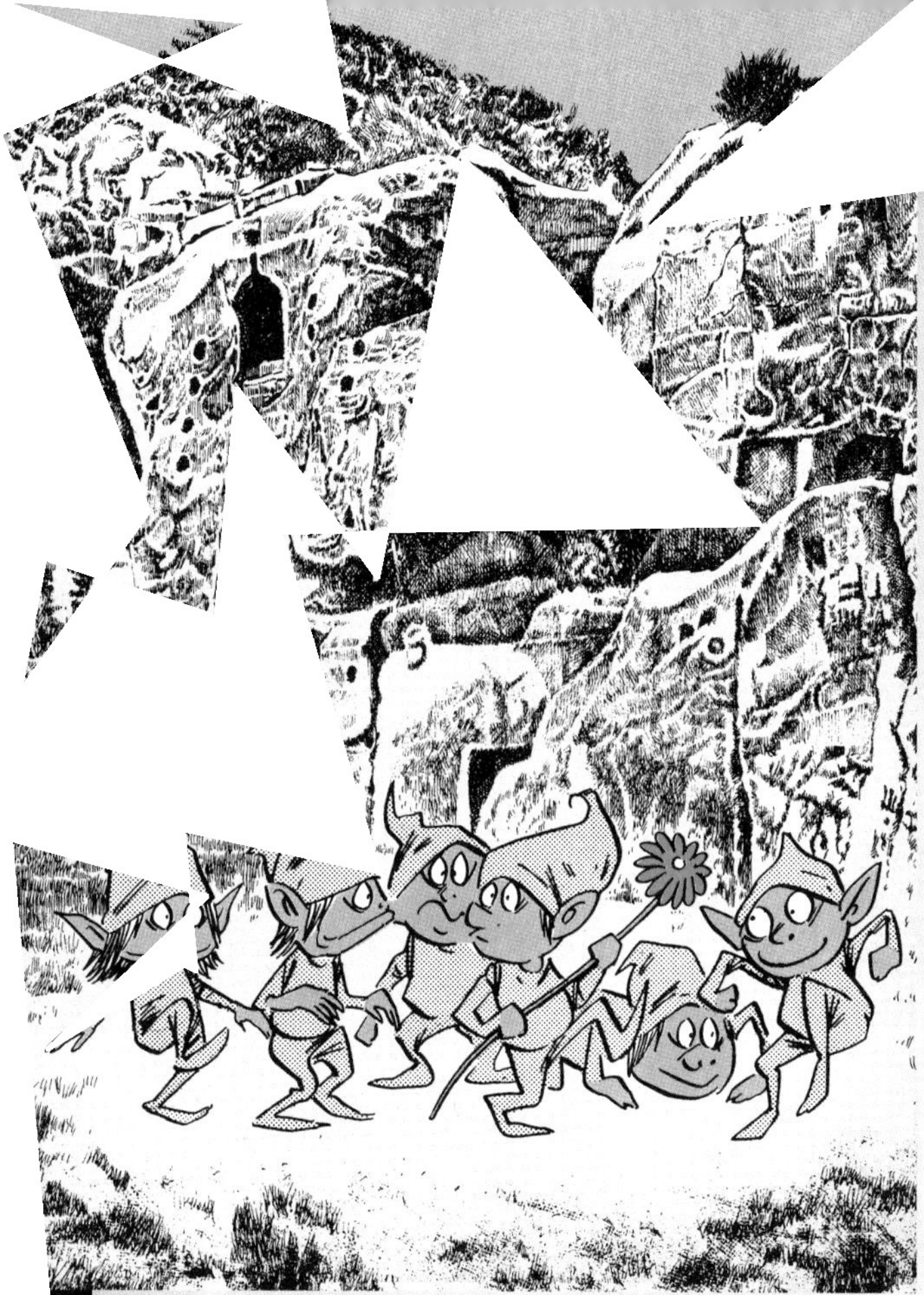

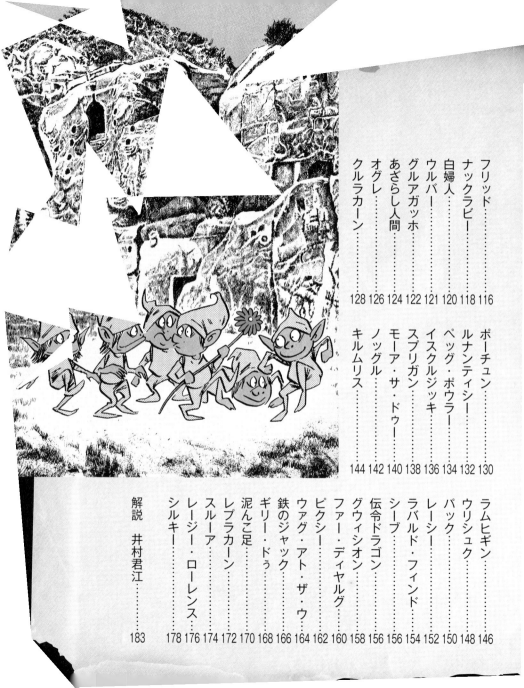

この崖《がけ》のむこうに
妖精《ようせい》の国《くに》があるのよ
これからみんなを
案内《あんない》してあげよう

第1章

妖精の世界へようこそ

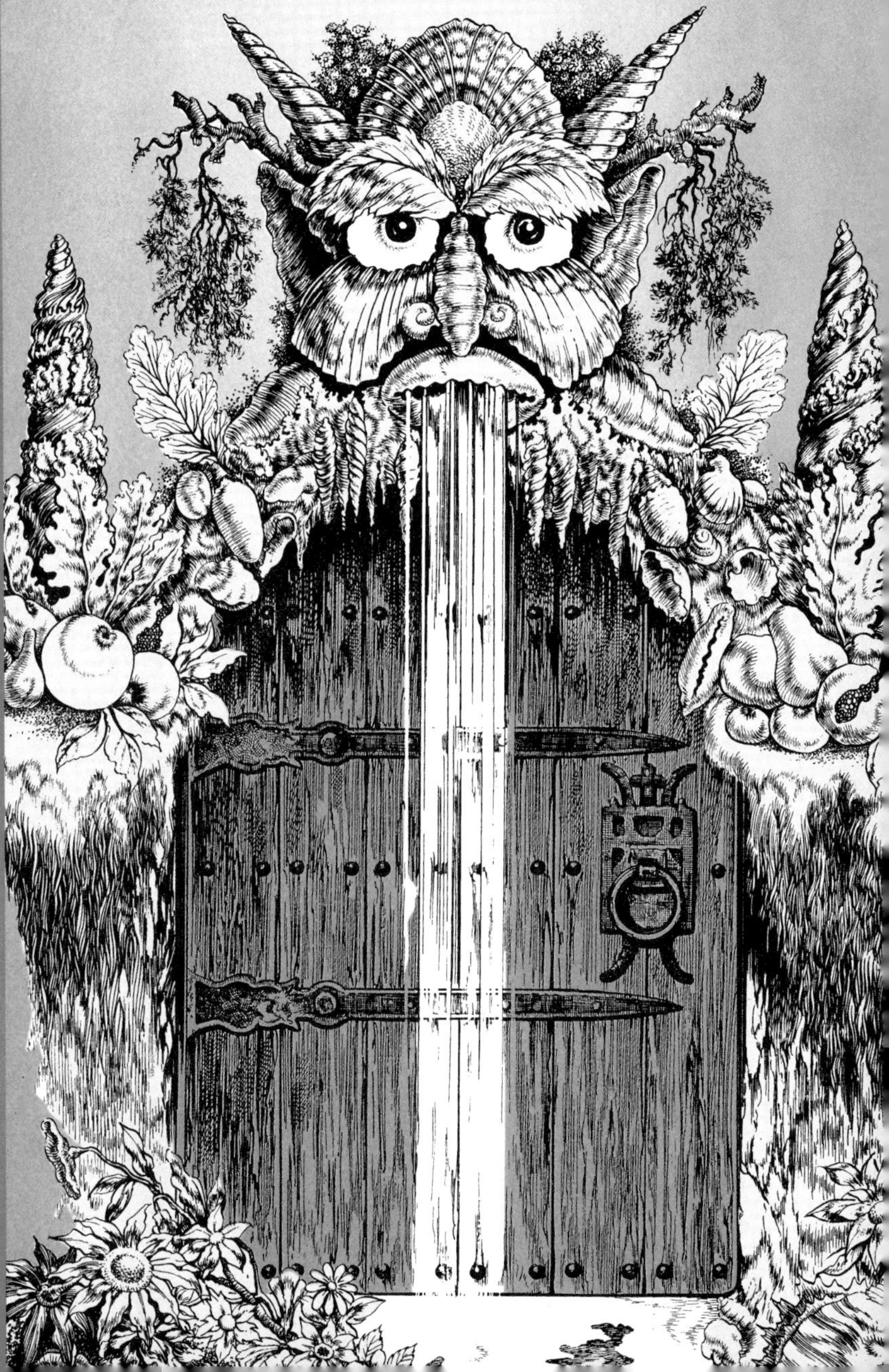

妖精《ようせい》の世界《せかい》へようこそ

妖精《ようせい》とはなにか

妖精《ようせい》とは、いったいどんな存在《そんざい》なのだろうか？ いくつかの考《かんが》えかたを、ちょっと紹介《しょうかい》しよう。

まず、妖精《ようせい》は、死者《ししゃ》と同《おな》じで、魂《たましい》のようなものである、という考《かんが》えかたがある。そのために、墓地《ぼち》の近《ちか》くにある、死《し》んだ人《ひと》の魂《たましい》の宿《やど》る場所《ばしょ》を、「妖精《ようせい》の塚《つか》」ということがある。

つぎに、妖精《ようせい》を、落《お》ちぶれた神《かみ》とか、

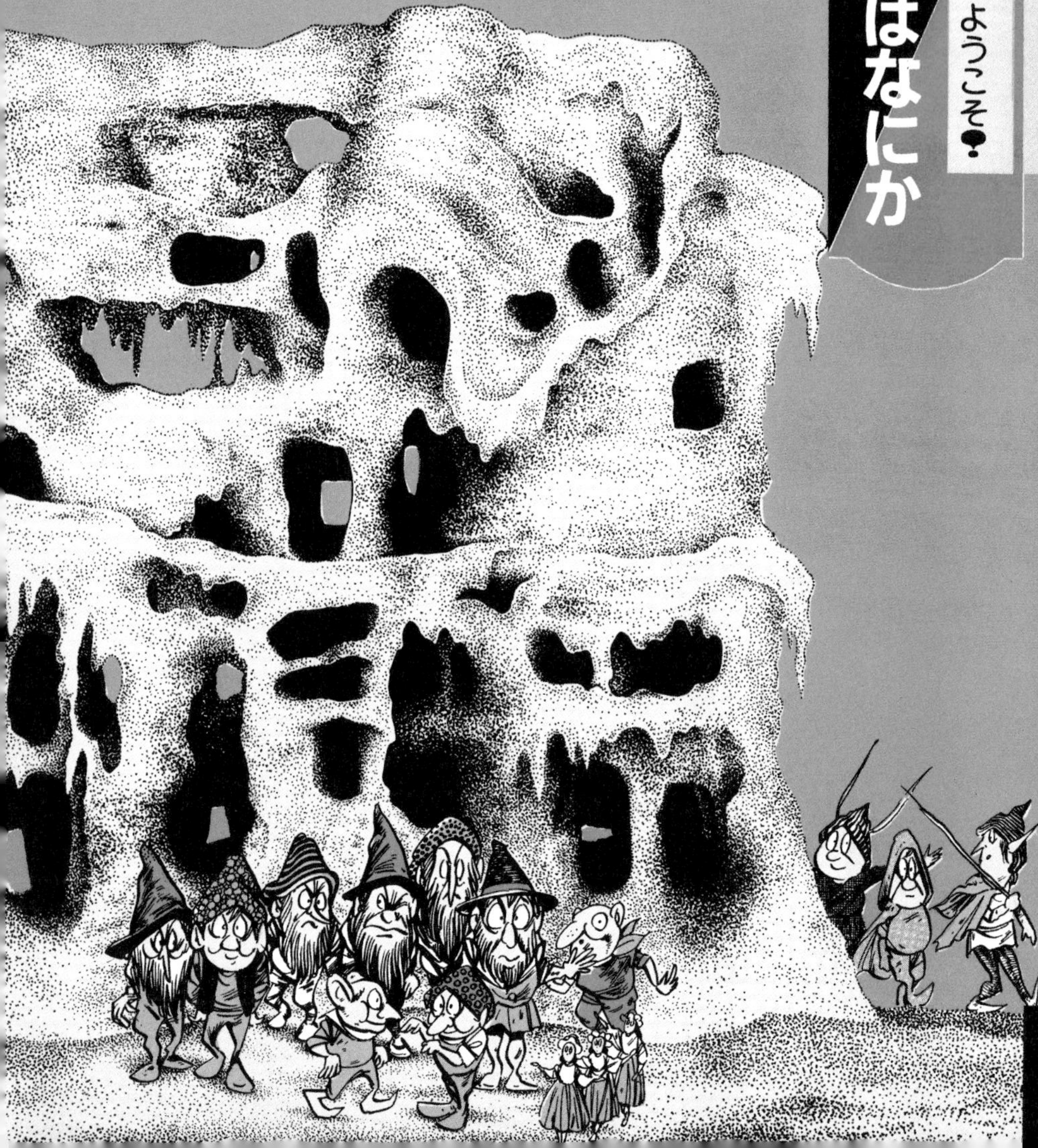

自然霊《しぜんれい》だとする見《み》かたがある。自然霊《しぜんれい》というのは、木《き》や水《みず》や、そのほかのすべての自然《しぜん》に宿《やど》る霊《れい》のことである。

また、妖精《ようせい》は、先住民《せんじゅうみん》がもとになっている、という考《かんが》えかたがある。ある場所《ばしょ》に住《す》んでいた人々《ひとびと》が、あとからそこにやってきた民族《みんぞく》に追《お》い出《だ》され、洞穴《どうけつ》や沼地《ぬまち》に隠《かく》れているうちに、そこの住民《じゅうみん》となってしまったのだろう。そこに、妖精《ようせい》となるもとがあった、という考《かんが》えかたである。日本《にっぽん》の妖怪《ようかい》の「山男《やまおとこ》」に対《たい》する考《かんが》えかたと同《おな》じかもしれない。

しかし、妖怪《ようかい》と同《おな》じように、妖精《ようせい》にも、いろいろな種類《しゅるい》がある。それを考《かんが》えれば、はじめ妖精《ようせい》がどんな存在《そんざい》だったかという問《と》いに対《たい》する答《こた》えは、けっして一つではない。

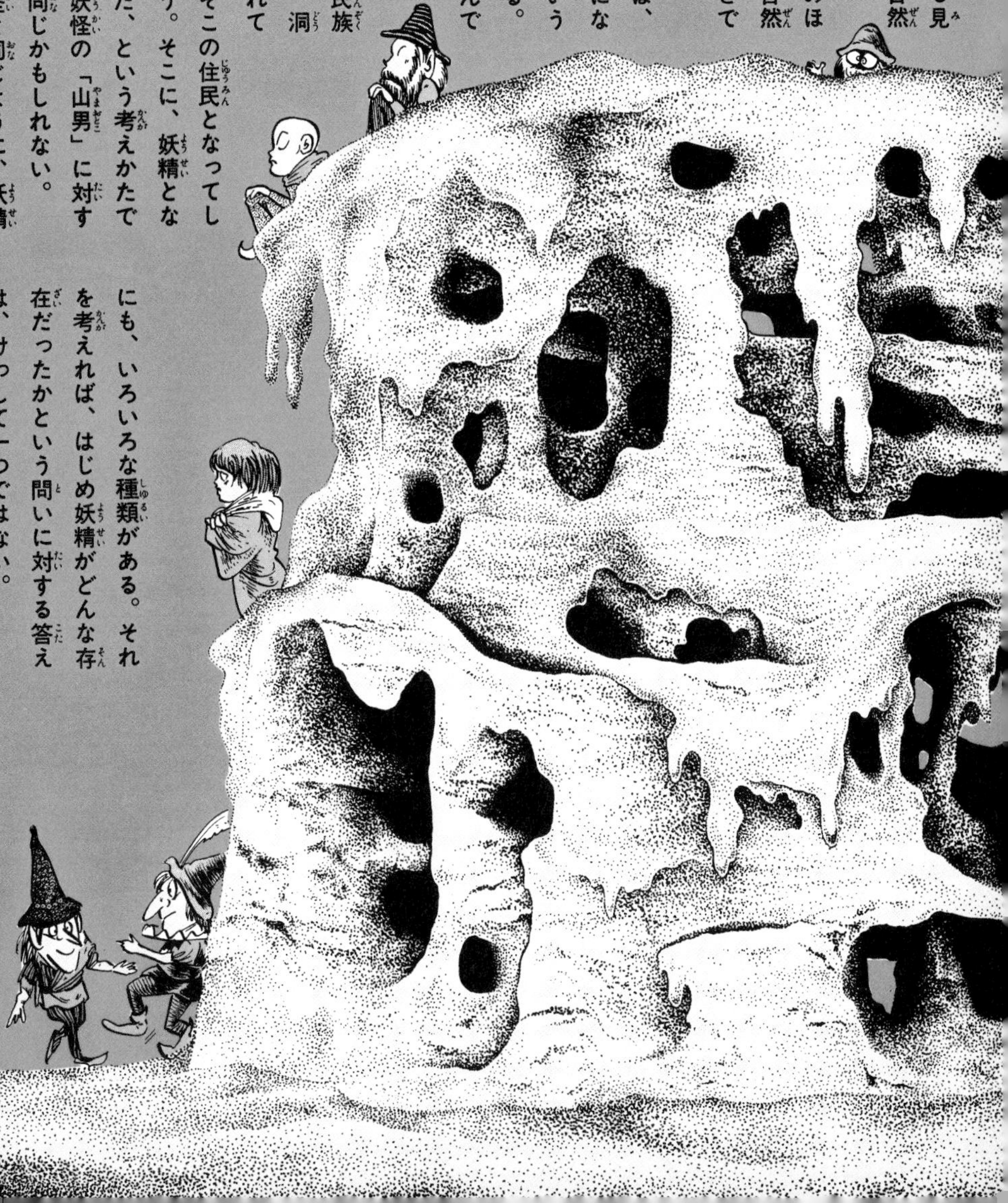

妖精《ようせい》の世界《せかい》へようこそ！

妖精《ようせい》の起源《きげん》

妖精《ようせい》はどのようにして生《う》み出《だ》されたのだろうか？　これは、たいへんむずかしい問題《もんだい》である。しかし、古《こ》代《だい》ヨーロッパのスカンジナビアやゲルマン地方《ちほう》には、自然《しぜん》のさまざまな力《ちから》とか、人間《にんげん》の精神的《せいしんてき》能力《のうりょく》とかを人《じん》格化《かくか》した宗教《しゅうきょう》があったということがこの問題《もんだい》を解《と》く大《おお》きな鍵《かぎ》になるのではないだろうか。

このような、目《め》には見《み》えない力《ちから》に人格《じんかく》を与《あた》える、という傾向《けいこう》は、古代《こだい》にさかのぼればさかのぼるほど強《つよ》かったようである。キリスト教《きょう》が広《ひろ》まる以前《いぜん》は、世界《せかい》じゅうのいたるところで、精霊《せいれい》の存在《そんざい》というものが信《しん》じられていた。

おそらく古代人《こだいじん》が心《こころ》で感《かん》じとった目《め》には見《み》えない精霊《せいれい》が、長《なが》い年月《ねんげつ》を経《へ》て、今日《こんにち》の妖精《ようせい》という形《かたち》に変《か》わっていったのだろう。

妖精《ようせい》の世界《せかい》へようこそ!

妖精《ようせい》の国《くに》

ある日《ひ》、少年《しょうねん》が学校《がっこう》を抜《ぬ》け出《だ》し、川辺《かわべ》のくぼんだ土手《どて》の下《した》に隠《かく》れていると、小《ちい》さな男《おとこ》が、ふたり現《あら》われて、
「私《わたし》たちについてくれば、喜《よろこ》びと遊《あそ》びの国《くに》に行《い》くことができるよ」
と言《い》った。少年《しょうねん》は、そのことばに従《したが》って、男《おとこ》たちのあとに続《つづ》いた。三人《にん》は、細《ほそ》い道《みち》を通《とお》り、暗《くら》い地下《ちか》を抜《ぬ》けた。やがて、彼《かれ》らは、川《かわ》や森《もり》、牧草《ぼくそう》地《ち》などのある美《うつく》しい国《くに》に着《つ》いた。ただ、奇妙《きみょう》なことに、そこは、太陽《たいよう》の光《ひかり》がなく、一日《にち》じゅう、曇《くも》っている世界《せかい》だった。夜《よる》になっても、月《つき》も星《ほし》も出《で》ず、たいへん暗《くら》いところだった。

少年《しょうねん》は宮廷《きゅうてい》に連《つ》れていかれ、王様《おうさま》や人々《ひとびと》のまえで、自己紹介《じこしょうかい》をさせられた。人々《ひとびと》は、小《ちい》さいわりに、均整《きんせい》のとれたからだつきをしていて、火《ひ》のような髪《かみ》を、肩《かた》まで垂《た》らしていた。彼《かれ》らは、そんな小《ちい》さい自分《じぶん》のからだに、ぴったりと合《あ》った馬《うま》をもっていた。また、肉《にく》や魚《さかな》を食《た》べず、ミルクだけで生《い》きていた。

彼《かれ》らは、うそをつけないように、運命《うんめい》づけられていたようだった。そのために、地上《ちじょう》から戻《もど》ってきた者《もの》は、人間《にんげん》の野心《やしん》や不信《ふしん》な心《こころ》、移《うつ》り気《ぎ》な心《こころ》を、しきりに批難《ひなん》していた。彼《かれ》らは、真実《しんじつ》だけを愛《あい》し、敬《うやま》っていたのである。

少年《しょうねん》は、しばしば地上《ちじょう》に戻《もど》り、母《はは》親《おや》に会《あ》っていた。彼《かれ》は母親《ははおや》にだけ、地下《ちか》の人々《ひとびと》の性質《せいしつ》や姿《すがた》のことなどをうち明《あ》けていた。あるとき少年《しょうねん》が、地下《ちか》の国《くに》には、たくさん金《きん》があると、母親《ははおや》に話《はな》すと、彼女《かのじょ》は、ぜひ、その金《きん》を持《も》ってきておくれ、とせがんだ。

少年《しょうねん》は、地下《ちか》の国《くに》から、金《きん》のボールを盗《ぬす》み出《だ》し、急《いそ》いで家《いえ》に戻《もど》ってきた。あまり急《いそ》いでいたので、彼《かれ》は玄《げん》関《かん》のところで、足《あし》をもつれさせ、母《はは》

親《おや》のいる部屋《へや》に倒《たお》れこみ、そのひょうしに、ボールを落《お》としてしまった。すると、地下《ちか》の国《くに》から少年《しょうねん》を追《お》いかけてきたふたりの男《おとこ》が、そのボールを奪《うば》い返《かえ》した。ふたりの男《おとこ》は、少年《しょうねん》につばを吐《は》きかけると、あざ笑《わら》いながら、行《い》ってしまった。

少年《しょうねん》は、自分《じぶん》の行《おこ》ないをはずかしく思《おも》った。彼《かれ》は、すぐに立《た》ち上《あ》がり、母親《ははおや》のそのかしを呪《のろ》いながら、いつもの地下《ちか》の道《みち》を駆《か》けていった。しかし、どうしても、地下《ちか》の国《くに》は見《み》つからなかった。

それから彼《かれ》は、一年《いちねん》近《ちか》く、気《き》がふれたように土手《どて》のまわりをさがしまわった。しかし、けっきょく、地下《ちか》の国《くに》は見《み》つからず、やがて、友人《ゆうじん》や母親《ははおや》に連《つ》れ戻《もど》された。彼《かれ》は、その後《ご》正気《しょうき》に戻《もど》り、牧師《ぼくし》になった。

彼《かれ》は、牧師《ぼくし》になってからも、地下《ちか》の国《くに》のことばを思《おも》い出《だ》した。それはどこか、ギリシア語《ご》に似《に》ていた、ということである。

妖精《ようせい》の世界《せかい》へようこそ！

群《む》れをなす妖精《ようせい》

人間《にんげん》に、大勢《おおぜい》の仲間《なかま》といるのが好《す》きな人《ひと》と、どちらかといえば、ひとりでいるのを好《この》む人《ひと》がいるように、妖精《ようせい》にも、二つのタイプがある。群《む》れをなす妖精《ようせい》と、群《む》れをなさない妖精《ようせい》である。

群《む》れをなす妖精《ようせい》というのは、家族《かぞく》や仲間《なかま》がいる妖精《ようせい》のことである。このタイプの妖精《ようせい》は、ふつう、緑《みどり》のコートを着《き》ているといわれる。また、陽気《ようき》で、なかには、人間《にんげん》に好意《こうい》をもっているものもいるようだ。

群《む》れをなさない妖精《ようせい》

孤独《こどく》で、群《む》れをなさない妖精《ようせい》は、ふつう赤《あか》いコートを着《き》ている。

群《む》れをなさない妖精《ようせい》は、たいていのばあい、邪悪《じゃあく》である。人間《にんげん》に、害《がい》を及《およ》ぼすことも、たびたびだ。人間《にんげん》に卑劣《ひれつ》なことをして、喜《よろこ》んだり、人間《にんげん》を道《みち》に迷《まよ》わせたりする。自分《じぶん》の居住区《きょじゅうく》に入《はい》りこんだ人間《にんげん》を、殺《ころ》してしまうことさえある。

このタイプの妖精《ようせい》には、〝ヤレリー・ブラウン〟〝ファー・ディヤルグ〟〝ドゥエルガル〟などがいる。

妖精《ようせい》の世界《せかい》へようこそ❢

英雄妖精《えいゆうようせい》

妖精《ようせい》のなかに、英雄妖精《えいゆうようせい》と呼《よ》ばれるものがいる。人間《にんげん》と同《おな》じか、それ以上《いじょう》の身長《しんちょう》をもち、容姿《ようし》は、輝《かがや》くばかりに美《うつく》しい。ほかの妖精《ようせい》たちと同《おな》じように、音楽《おんがく》や踊《おど》りが好《す》きであるほか、チェスや狩《か》り、決闘《けっとう》、乗馬《じょうば》などという貴族的《きぞくてき》な活動《かつどう》を好《この》む。チェスは得意《とくい》で、たびたび人間《にんげん》を負《ま》かせた、という。

英雄妖精《えいゆうようせい》はみな、自分《じぶん》のからだに合《あ》った馬《うま》をもち、なかには、乳白色《にゅうはくしょく》の馬《うま》に乗《の》っていたものもいる。馬《うま》に乗《の》って行進《こうしん》するとき、彼《かれ》らは、馬《うま》を色《いろ》どり豊《ゆた》かな衣装《いしょう》で飾《かざ》り、チリンチリンと鈴《すず》を鳴《な》らして進《すす》んだ、ということだ。

英雄妖精《えいゆうようせい》のなかでも、〝テュアタ・デ・ダナン〟族《ぞく》の飼《か》っている馬《うま》は、

この世《よ》のどんな馬《うま》にも負《ま》けないという、すばらしい馬《うま》である。その馬《うま》は、炎《ほのお》でできた目《め》と、アーチ型《がた》の肩《かた》と広《ひろ》い胸《むね》をもち、風《かぜ》のように速《はや》く走《はし》る。

“テュアタ・デ・ダナン”族《ぞく》の騎士《きし》たちの騎馬行進《きばこうしん》は、すばらしい。ふだん、金《きん》の鞍《くら》と銀《ぎん》のひづめをつけている馬《うま》は、さらに、星《ほし》の宝石《ほうせき》を額《ひたい》につける。騎士《きし》は、金《きん》の縁《ふち》どりをした緑色《みどりいろ》のマントを着《き》て、金《きん》のかぶとと すねあてをつけ、金《きん》の槍《やり》を持《も》つ。とてもきらびやかな行進《こうしん》である。

英雄妖精《えいゆうようせい》の仲間《なかま》には、ほかに、“シェリーコート”“ダイオンシー”などがいる。

うわあ、ステキ!! しびれちゃうわ
ほう、なかなかかっこいいんだねえ

妖精《ようせい》の世界《せかい》へようこそ❢

妖精《ようせい》の女王《じょおう》

妖精《ようせい》の国《くに》には、妖精《ようせい》の女王《じょおう》がいる。女王《じょおう》ともなると、さすがに威風堂《いふうどう》堂《どう》としている。服《ふく》もとてもぜいたくだ。ふつう、緑《みどり》の地《じ》に、金《きん》のスパンコールをつけた縁《ふち》どりのドレスを着《き》ている。冠《かんむり》には、真珠《しんじゅ》がちりばめられている。

女神《めがみ》ダヌの子孫《しそん》とされるケルト族《ぞく》の妖精《ようせい》の女王《じょおう》は、〝メーブ〟という名《な》まえである。〝メーブ〟は、妖精王《ようせいおう》〝オベロン〟の妃《きさき》であり、その容姿《ようし》はとても美《うつく》しく、その生活《せいかつ》は、ぜいたくだった。また、とても勇《いさ》ましい女王《じょおう》でもあり、アルスターの英雄《えいゆう》、クーフーリンとしばしば戦《たたか》った、ということだ。

女王《じょおう》さまに会《あ》うのはむずかしいんだよ

この妖精《ようせい》の一族《いちぞく》は、女王《じょおう》もそうであるように、ほかの妖精《ようせい》にくらべて、い、はででロマンチックである。

詩人《しじん》シェリーの長詩《ちょうし》「女王《じょおう》マブ」は、この〝メーブ〟のことをうたったものである。

アッハッハ
みんな元気《げんき》でやってるかい？

妖精《ようせい》の世界《せかい》へようこそ❢

妖精《ようせい》の国《くに》の時間《じかん》

妖精国《ようせいこく》と人間《にんげん》の世界《せかい》では、時間《じかん》の流《なが》れる速《はや》さがちがう。妖精国《ようせいこく》の時間《じかん》は、人間《にんげん》の世界《せかい》では考《かんが》えられないほどの速《はや》さで流《なが》れていくのだ。まるで、「浦島太郎《うらしまたろう》」の龍宮城《りゅうぐうじょう》のようなところである。

妖精国《ようせいこく》での、二、三分《ぷん》の踊《おど》りは、人間界《にんげんかい》の一年《ねん》と一日《にち》。二、三日《にち》の祭《まつ》りと宴《うたげ》は、なん百年《びゃくねん》にあたることがある。また、妖精国《ようせいこく》に入《はい》りこんだ人間《にんげん》が、飲《の》んだり、食《た》べたりすると、超自然《ちょうしぜん》の速《はや》さで、時《とき》が流《なが》れるといわれている。

妖精国《ようせいこく》への入口《いりぐち》は、目《め》に見《み》えないドアである。そのドアは、五月祭《ごがつさい》、夏至《げし》、※ハロウインの日《ひ》に開《ひら》くという。

※ハロウイン＝聖者《せいじゃ》を祝《いわ》う日《ひ》の前夜祭《ぜんやさい》。

ある農夫《のうふ》が、石《いし》の下《した》の洞穴《どうけつ》に入《はい》っていったとき、そこで、ひとりの女《おんな》に会《あ》った。農夫《のうふ》は女《おんな》に、食《た》べものをもらい、見《み》はりをしてくれとたのまれた。彼《かれ》はそこで数週間《すうしゅうかん》働《はたら》いたが、ホームシックにかかって家《いえ》に帰《かえ》してもらった。

しかし、戻《もど》ってみると、すべてが変《か》わっていた。知《し》っている人間《にんげん》も、ひとりもいなかった。そこへ、しわくちゃの老婆《ろうば》が現《あら》われて、

「どこへ行《い》っていたんだね。私《わたし》は、二百年《にひゃくねん》ものあいだ、おまえをさがしていたんだよ」

と言《い》うと、農夫《のうふ》の手《て》を握《にぎ》った。そのとたん、農夫《のうふ》はその場《ば》に倒《たお》れて、死《し》んでしまった。

老婆《ろうば》は、死期《しき》が過《す》ぎた彼《かれ》を、さがしつづけていた死神《しにがみ》だったのである。

妖精《ようせい》の世界《せかい》へようこそ❣

地下世界《ちかせかい》の妖精《ようせい》

〝プラント・アンヌーン〟というのは、イギリスのウェールズ地方《ちほう》の地下世界《ちかせかい》の妖精《ようせい》だ。地下世界《ちかせかい》から人間界《にんげんかい》への入《い》り口《ぐち》は、湖《みずうみ》のそばにあるといわれる。

彼《かれ》らの王《おう》は、〝グイン・アプ・ニーズ〟で、娘《むすめ》の〝グラーゲン・アンヌーン〟、白《しろ》い幽霊《ゆうれい》の家畜《かちく》〝グランテッグ・イエリーン〟や、白《しろ》い犬《いぬ》、〝カン・アンヌーン〟などとともに、人々《ひとびと》に知《し》られている。

これらの家畜《かちく》は、妖精《ようせい》の女主人《おんなしゅじん》といっしょにいるが、夏《なつ》の夜《よる》になると、罪《つみ》をつぐなわなかったのを後悔《こうかい》しながら死《し》んでいった人々《ひとびと》の魂《たましい》を求《もと》めて、力《ちから》のかぎり吠《ほ》えつづけるという。

また、地下世界《ちかせかい》の猟犬《りょうけん》たちは、地下世界《ちかせかい》の人々《ひとびと》をときどき裏切《うらぎ》る。そ

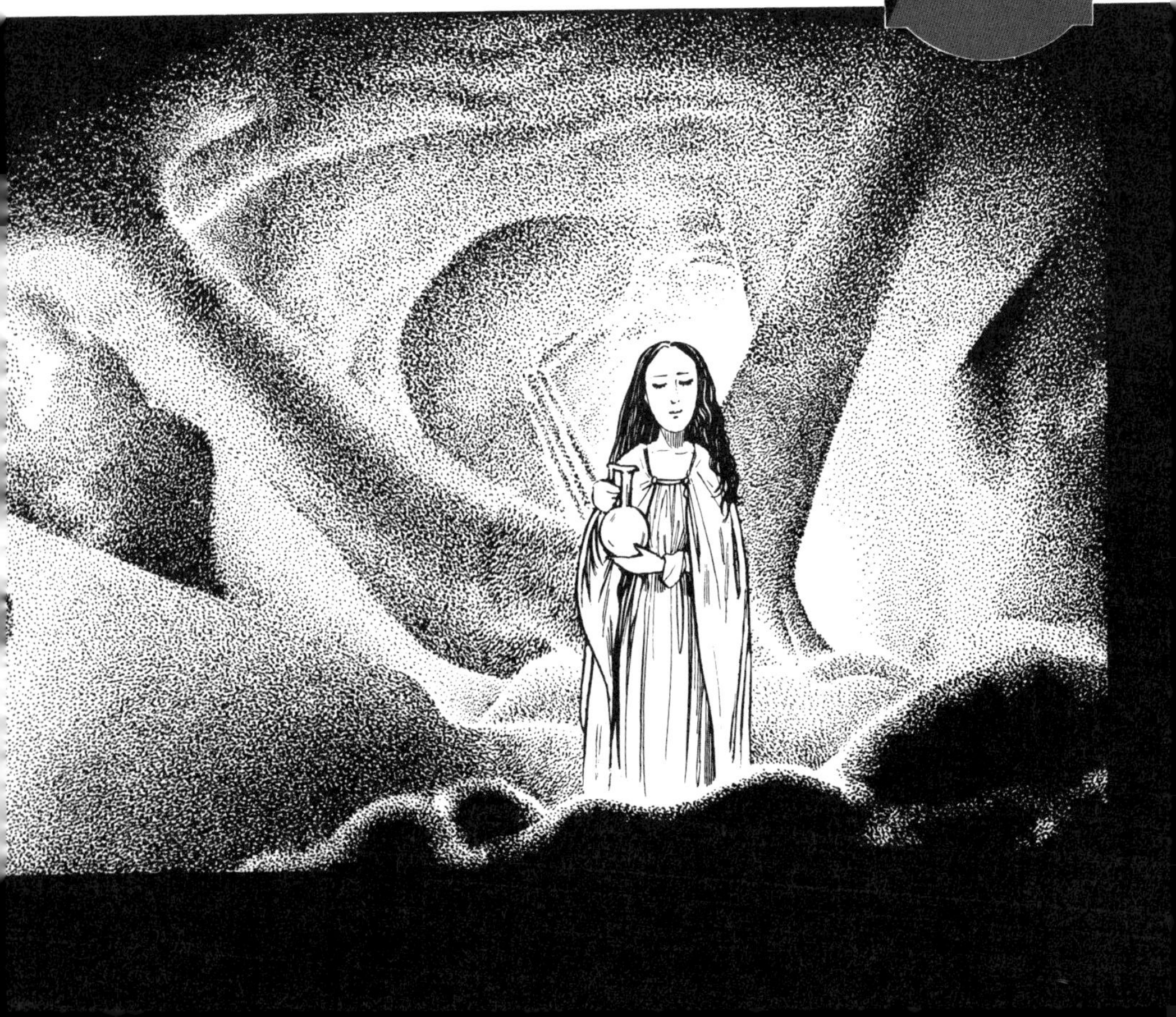

れは、猟犬《りょうけん》たちが、ほんとうは死者《ししゃ》たちの仲間《なかま》だからといわれる。
要《よう》するに、幽霊《ゆうれい》の町《まち》のようなものが、地下《ちか》にあるのだろう。

イッヒッヒ
勉強《べんきょう》やってるかい？
ほう、地下《ちか》にまで妖精《ようせい》がいるんだねえ

妖精《ようせい》の呼《よ》びかた

妖精《ようせい》のことを、ふつう、「グッド・ピープル」（よい人々《ひとびと》）と呼《よ》ぶ。これは、妖精《ようせい》たちが気《き》をわるくして、いたずらをしないようにするためである。

目《め》に見《み》えない、油断《ゆだん》のならない妖《よう》精《せい》たちのことを言《い》うばあいも、「よい隣人《りんじん》」「やさしい民《たみ》」「小《ちい》さな民《たみ》」「静《しず》かな人《ひと》」「丘《おか》の民《たみ》」「忘《わす》れられた人々《ひとびと》」「平《へい》和《わ》な人々《ひとびと》」などという、あたりさわりのないことばを使《つか》う。

妖精《ようせい》は、どこに住《す》み、いつ現《あら》われるか、わからない。だから、こういう呼《よ》びかたを習慣《しゅうかん》づけ、妖精《ようせい》たちの気分《きぶん》をそこなわないようにしなければならないのである。

妖精《ようせい》の服装《ふくそう》

〝わが民《たみ》、よき民《たみ》
みんないっしょに群《む》れている
緑《みどり》の上着《うわぎ》に赤帽子《あかぼうし》
白《しろ》いふくろうの羽根《はね》をつけ〟
この歌《うた》にもあるように群《む》れをなすとされている妖精《ようせい》は、ふつう、緑《みどり》の服《ふく》と赤《あか》い帽子《ぼうし》というかっこうをしている。また、群《む》れをなさない〝レプラカーン〟などの妖精《ようせい》は、赤《あか》い服《ふく》を着《き》ている。

とはいえ、それは、大《おお》きく分《わ》ければ赤《あか》と緑《みどり》ということで、もちろん、それだけではない。服装《ふくそう》は、妖精《ようせい》によってさまざまである。妖精《ようせい》のなかには、皮《かわ》のエプロンをして、止《と》め金《がね》のついたハイヒールをはいている〝グルラカーン〟のように、ファッショナブルなものもいる。

妖精《ようせい》の服装《ふくそう》は、だいたいカラフルである。葬式《そうしき》に出席《しゅっせき》している妖精《ようせい》でさえ、明《あか》るい赤《あか》の帽子《ぼうし》をかぶっているということだ。

妖精《ようせい》の姿《すがた》

妖精《ようせい》は美《うつく》しいものだという考《かんが》えは、まちがいである。妖精《ようせい》のなかには、妖怪《ようかい》のようにみにくいものが、ずいぶんいる。

〝エレウイメン〟は、美《うつく》しい顔《かお》をしているが、背中《せなか》はへこんでいる。〝グレースティグ〟は山羊《やぎ》のひづめをもっていて、それを隠《かく》すために、緑色《みどりいろ》のドレスを引《ひ》きずっている。このほかにも、鼻《はな》の穴《あな》が一つしかない妖精《ようせい》や、異常《いじょう》なほど長《なが》く垂《た》れた乳房《ちぶさ》をもつ、日本《にっぽん》の〝てっち〟という妖怪《ようかい》を思《おも》わせるような、妖精《ようせい》もいる、

こういう、肉体的《にくたいてき》な特《とく》ちょうこそが、人間《にんげん》でないことの証拠《しょうこ》だと考《かんが》えられていたのだろう。

妖精《ようせい》の世界《せかい》へようこそ❢

妖精《ようせい》の変身《へんしん》

妖精《ようせい》のなかには、自分《じぶん》のからだの大《おお》きさを、自由《じゆう》にコントロールできるものもいる。つまり、自分《じぶん》の意志《いし》で、必要《ひつよう》に応《おう》じて、大《おお》きくも小《ちい》さくもなれるわけである。

からだの大《おお》きさを変《か》えられる妖精《ようせい》というのは、たいてい、姿《すがた》を変《か》えることもできる。とはいえ、なかには、変身《へんしん》をくり返《かえ》しているうちに、どんどん小《ちい》さくなり、蟻《あり》くらいの大《おお》きさになったあとで、ついに消《き》えてしまったという、おかしな妖精《ようせい》もいる。

ぼくもからだの大《おお》きさを変《か》えられるんだヨ!!

パッパパ～
ぼくはラッパを吹《ふ》いて
変身《へんしん》するんだ

妖精《ようせい》の飛《と》びかた

妖精《ようせい》は、どのようにして飛《と》ぶのだろうか？

翼《つばさ》を使《つか》って飛《と》ぶ妖精《ようせい》というのは、あまり、いないようである。むしろ、魔女《まじょ》がほうきを使《つか》うように、ノボロギクの茎《くき》や小枝《こえだ》、草《くさ》の束《たば》を使《つか》って、空《そら》を飛《と》ぶようだ。

呪文《じゅもん》をとなえて、飛行《ひこう》することもある。

『ホース、アンド、ハトック』

この呪文《じゅもん》には、人間《にんげん》やものを浮《う》き上《あ》がらせる力《ちから》がある。

ある少年《しょうねん》が、ある日《ひ》、もうもうと立《た》ちこめるほこりを見《み》た。よく聞《き》いてみると、そのなかから、

「ホース、アンド、ハトック」

と、叫《さけ》ぶ声《こえ》がしている。そこで、少《しょう》年《ねん》も、

「ホース、アンド、ハトック、ぼくのコマ」

と叫《さけ》んでみた。すると、少年《しょうねん》の持《も》っていたコマが、たちどころに、空中《くうちゅう》に浮《う》き上《あ》がった、という話《はなし》が伝《つた》わっている。

『フップ、ホース、アンド、ハンドックス』

という呪文《じゅもん》もある。

妖精《ようせい》の世界《せかい》へようこそ❢

妖精《ようせい》の性格《せいかく》

妖精《ようせい》はきれい好《ず》きで、不潔《ふけつ》なことは大嫌《だいきら》いである。だから人間《にんげん》は、家《いえ》を訪《おとず》れる妖精《ようせい》のために家《いえ》のなかを整《せい》理《り》し、清《きよ》らかな水《みず》を用意《ようい》しておかなければならない。家《いえ》のなかを清潔《せいけつ》に保《たも》ち、そのうえ節約《せつやく》のうまいお手伝《てつだ》いには、妖精《ようせい》から銀貨《ぎんか》が贈《おく》られるという。

しかし、これらのことをなまけると、妖精《ようせい》はひどく怒《おこ》る。なまけたために、七年間《ねんかん》も手足《てあし》がまひしてしまった女性《じょせい》もいるほどである。

妖精《ようせい》は、このように怒《おこ》りっぽく、気《き》まぐれであるが、道徳《どうとく》を重《おも》んじる面《めん》もある。だから妖精《ようせい》は正直《しょうじき》であり、ほら吹《ふ》きや自慢屋《じまんや》の人間《にんげん》を嫌《きら》う。そして、不正直《ふしょうじき》だったり、妖精《ようせい》をだまそうとする人間《にんげん》には、容赦《ようしゃ》なく罰《ばつ》を与《あた》える。

また、妖精《ようせい》のプライバシーを侵《おか》そうとする人間《にんげん》には、生命《せいめい》にかかわるほどのしうちをする。

とはいえ、妖精《ようせい》は、自由《じゆう》に愛《あい》しあう人々《ひとびと》は好《す》きなようだ。そして、人《にん》間《げん》の恋愛《れんあい》にも深《ふか》くかかわっており、とくに妖精《ようせい》の女王《じょおう》は、恋《こい》する女性《じょせい》の後見人《こうけんにん》であるといわれている。

妖精《ようせい》の性格《せいかく》をあらわしている話《はなし》に、次《つぎ》のようなものがある。

ある女性《じょせい》が、大《おお》きな鍋《なべ》で湯《ゆ》をわかしていた。すると、ひとりの小人《こびと》が煙突《えんとつ》から落《お》ちてきて、その大《おお》きな鍋《なべ》に落《お》っこちてしまった。ギャーというすさまじい悲鳴《ひめい》とともに、たくさんの小人《こびと》たちが集《あつ》まり、その小人《こびと》を鍋《なべ》から引《ひ》きずり出《だ》した。

しばらくすると、つぎのような会《かい》話《わ》が、女性《じょせい》の耳《みみ》に入《はい》ってきた。

「おい、やけどをさせたのはあの女《おんな》か？」

「いいや、自分《じぶん》で落《お》っこちたんだ」

「そうか。おまえが自分《じぶん》でやけどしたならしかたないが、あの女《おんな》がやったんだったら、おれたちはし返《かえ》しをたんまりしてやるんだがな」

ぼくは
あわてんぼうだけど
きみはどんな性格《せいかく》？

妖精《ようせい》のなかにも
いろんな性格《せいかく》の妖精《ようせい》が
いるのよ

妖精《ようせい》の世界《せかい》へようこそ❢

ものを貸《か》す妖精《ようせい》

妖精《ようせい》は、人間《にんげん》に依存《いそん》して生《い》きている。依存《いそん》というと大《おお》げさかもしれないが、よく人間《にんげん》からものを借《か》りる。

また、それとはぎゃくに、妖精《ようせい》が、人間《にんげん》にものを貸《か》し出《だ》すこともある。

日本《にっぽん》にも、椀《わん》を貸《か》してくれる妖怪《ようかい》がいるが、まあ、似《に》たようなものだろう。

料理《りょうり》用《よう》の大鍋《おおなべ》が必要《ひつよう》なときは、妖《よう》精《せい》の丘《おか》へ行《い》ってたのむ。返《かえ》す日《ひ》を決《き》めると貸《か》してくれるが、返《かえ》す期日《きじつ》を守《まも》らないと妖精《ようせい》は受《う》け取《と》らず、その鍋《なべ》は使《つか》えなくなってしまう。

また、妖精《ようせい》が食物《しょくもつ》、といっても、たいてい大麦《おおむぎ》であるが、それを貸《か》して返《かえ》されたときは、自分《じぶん》が貸《か》した量《りょう》と同《おな》じ量《りょう》でなければ、受《う》け取《と》らない。もしも多《おお》く返《かえ》されると、腹《はら》をたてて、二度《ど》と貸《か》してくれなくなる。反対《はんたい》に、妖精《ようせい》は、自分《じぶん》たちが人間《にんげん》から借《か》りた場合《ばあい》は、二倍《ばい》もの量《りょう》を返《かえ》すのである。

妖精《ようせい》の嫌《きら》いなもの

妖精《ようせい》は、教会《きょうかい》の鐘《かね》の音《おと》を、とても嫌《きら》うようである。

インクブロウという教会《きょうかい》に、鐘《かね》が取《と》りつけられたとき、妖精《ようせい》たちは、

「インクブロウのキンコンカンがうるさくて眠《ねむ》ることも横《よこ》になることも、できやしない」

と嘆《なげ》いて、その町《まち》を出《で》ていってしまった。

妖精《ようせい》のすみか

妖精《ようせい》は、おもに、山《やま》や地面《じめん》のほら穴《あな》に住《す》み、いろいろな奇妙《きみょう》な姿《すがた》で、牧場《ぼくじょう》や山中《さんちゅう》に現《あら》われる。

陽気《ようき》な妖精《ようせい》たちは、真夜中《まよなか》にいなかの家《いえ》を訪《おとず》れ、召使《めしつか》いや羊飼《ひつじか》いといっしょになって、遊《あそ》ぶという。

妖精《ようせい》の国《くに》は、海《うみ》のなかにある、という人《ひと》もいる。

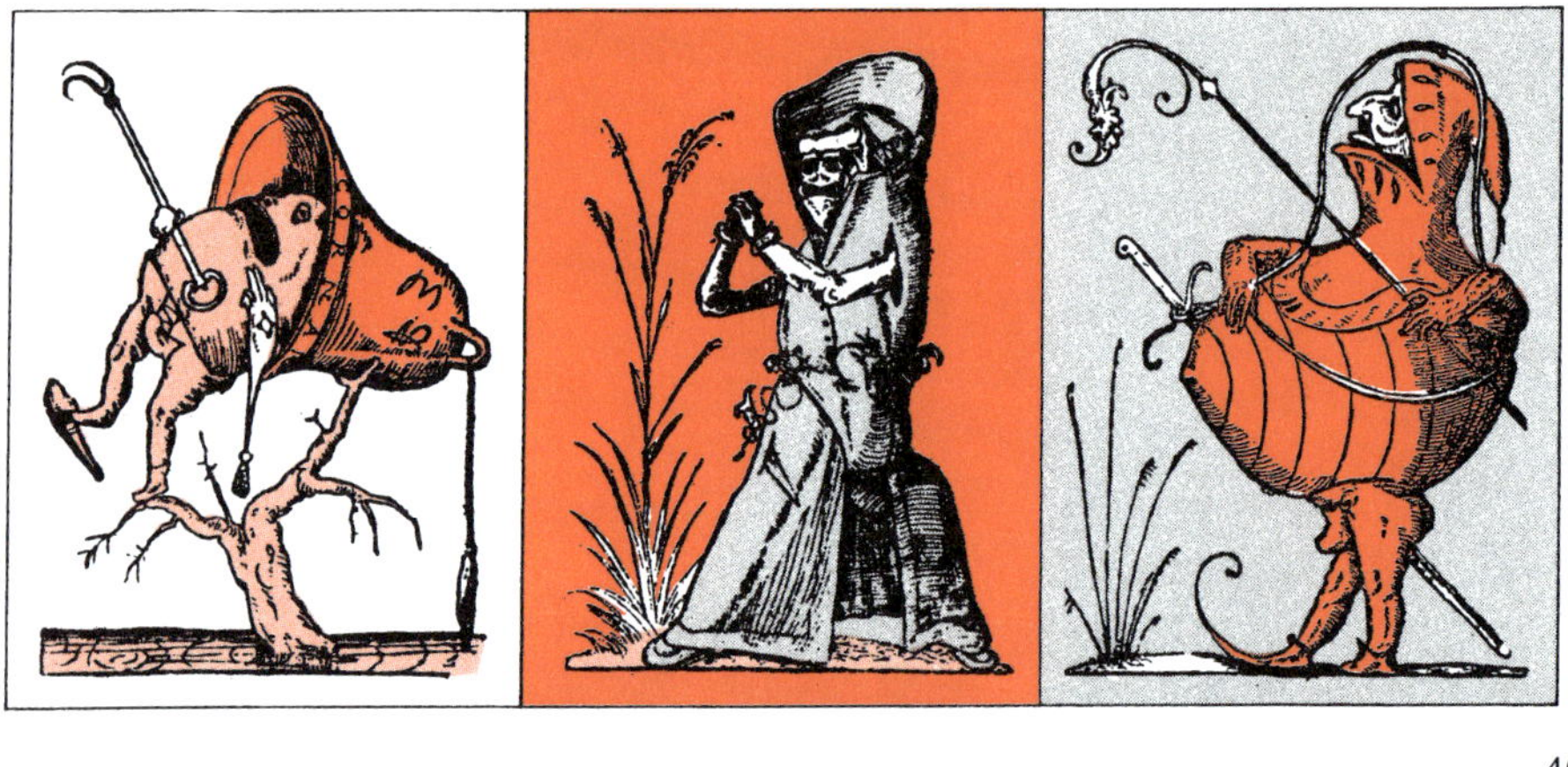

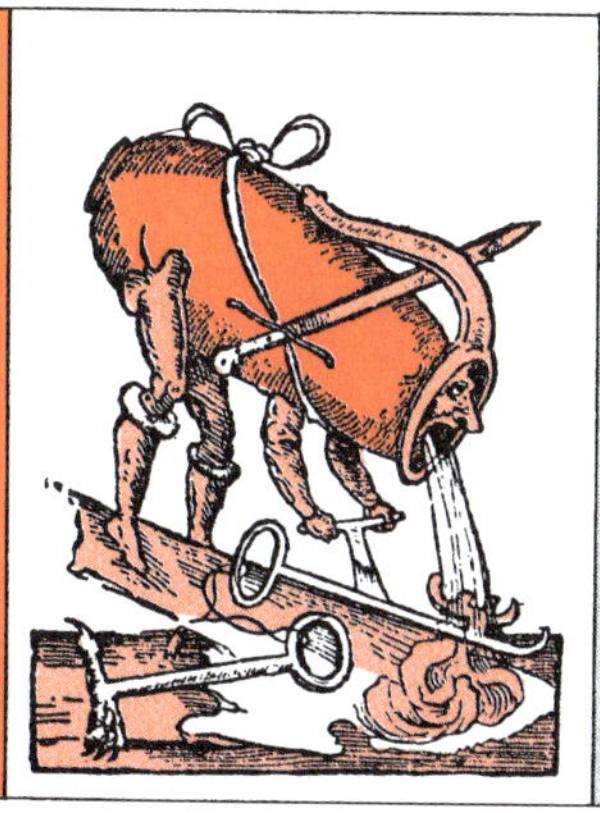

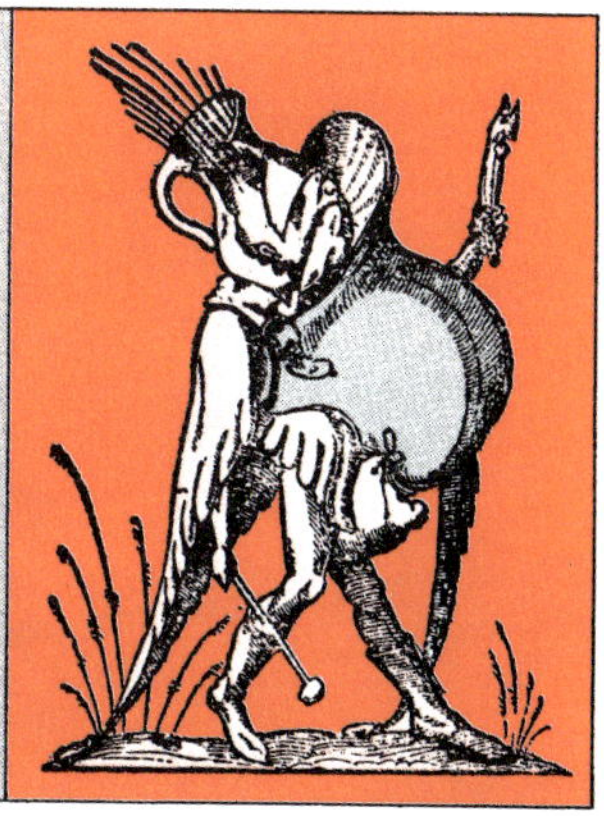

妖精《ようせい》の世界《せかい》へようこそ❢

妖精《ようせい》の技術《ぎじゅつ》

妖精《ようせい》の生活《せいかつ》は、人間《にんげん》ととてもよく似《に》ている。

子《こ》どもも老人《ろうじん》もいるし、不死身《ふじみ》というわけではない。病気《びょうき》にかかることもあれば、殺《ころ》されてしまうことさえある。

妖精《ようせい》たちは、服《ふく》を着《き》て食事《しょくじ》をするし、家畜《かちく》も飼《か》っている。女《おんな》たちは、糸《いと》をつむぎ、はたを織《お》り、料理《りょうり》をする。

ただ、人間《にんげん》とちがうところは、姿《すがた》を変《か》えられることと、特殊《とくしゅ》な技術《ぎじゅつ》をもっていることだ。鍛冶《かじ》にも、たいへん高《たか》い技術《ぎじゅつ》をもっていて、平凡《へいぼん》な技術《ぎじゅつ》を人間《にんげん》に教《おし》えることもあるという。妖精《ようせい》から教《おそ》わった冶金術《やきんじゅつ》を、大《おお》いに利用《りよう》した少年《しょうねん》の話《はなし》も伝《つた》えられている。

とはいえ、妖精《ようせい》の技術《ぎじゅつ》のなかで、

群《ぐん》を抜《ぬ》いているのは、音楽《おんがく》だ。妖精《ようせい》の丘《おか》から聞《き》こえてきた歌《うた》や曲《きょく》は、いまでも、編曲《へんきょく》されて残《のこ》っているほどである。

妖精《ようせい》の世界《せかい》へようこそ❢

妖精《ようせい》の市《いち》

妖精《ようせい》は、ときどき、すばらしい市《いち》を開《ひら》くことがある。その市《いち》は、人間《にんげん》にも見《み》えるようだ。見《み》た人《ひと》たちの話《はなし》によると、市《いち》に集《あつ》まった妖精《ようせい》は、背《せ》がすこし低《ひく》いだけで、姿《すがた》はほとんど人間《にんげん》の男女《だんじょ》と似《に》ている。赤《あか》、青《あお》、緑《みどり》の民族衣装《みんぞくいしょう》を着《き》ていて、高《たか》いつばの帽《ぼう》子《し》をかぶっていた、ということだ。市《いち》の開《ひら》かれる場所《ばしょ》は、決《き》まった丘《おか》である。

むかし、ある男《おとこ》が、馬《うま》に乗《の》って家《いえ》に帰《かえ》るとちゅう、むこうの丘《おか》が、人《ひと》人《びと》でにぎわっているのに気《き》づいた。どうやら、決《き》まった日《ひ》にたつ市《いち》に、人々《ひとびと》が集《あつ》まっているようだ。すこし目《め》をこらすと、靴屋《くつや》、行商人《ぎょうしょうにん》、くだものやジュース、食《た》べものを売《う》る店《みせ》が見《み》えた。

「決《き》まった日《ひ》にたつ市《いち》にしては、時《じ》期《き》がおかしいな。もしかしたら、妖《よう》精《せい》の市《いち》ではないだろうか？」

男《おとこ》は、そう思《おも》いながらも、けっきよく、市《いち》のなかに入《はい》っていってみることに決《き》めた。とてもすばらしい市《いち》だったし、妖精《ようせい》がどんなものか、よく見《み》てみたかったからである。

ところが、男《おとこ》が、市《いち》のあたりに来《き》たとたん、あれほどよく見《み》えていた市《いち》が、消《き》えてしまった。そして男《おとこ》は、たくさんの人々《ひとびと》が、自分《じぶん》のそばを通《とお》り抜《ぬ》けるような気配《けはい》を感《かん》じた。じっさい彼《かれ》は、押《お》されたり、つっつかれたりしたような気《き》がした。

男《おとこ》がその場《ば》から離《はな》れると、ふたたび、市《いち》のようすが見《み》えるようになった。しかし、男《おとこ》は苦《くる》しさを感《かん》じはじめたので、市《いち》へは引《ひ》き返《かえ》さず、急《いそ》いで家《いえ》に帰《かえ》った。家《いえ》に帰《かえ》ると、男《おとこ》はとつぜん、足《あし》が不自由《ふじゆう》になり、死《し》ぬまで、そのままだったということだ。

このときの妖精《ようせい》たちは、おそらく

プライバシーをのぞかれたくない妖精《ようせい》だったのだろう。妖精《ようせい》の市《いち》に行《い》っても、無事《ぶじ》に帰《かえ》ってきた人《ひと》もいる。

ある農夫《のうふ》が妖精《ようせい》の市《いち》で、カップを買《か》った。彼《かれ》が、お金《かね》を払《はら》うと、妖精《ようせい》は、木《こ》の葉《は》のおつりをくれた。しかし、農夫《のうふ》は、それをそのまま受《う》け取《と》り、おやすみを言《い》って、家《いえ》に帰《かえ》った。

その晩《ばん》、農夫《のうふ》は、カップをテーブルに置《お》き、そのまわりに、おつりの枯《かれ》葉《は》を並《なら》べて、ひとり言《ごと》を言《い》った。

「朝《あさ》になったら、みんななくなってるんだろう。それでもいい。あのすてきな市《いち》は、見《み》るだけの価値《かち》があるよ」

ところが、あくる朝《あさ》、テーブルの上《うえ》のカップは、金色《きんいろ》に輝《かがや》いていた。

この農夫《のうふ》は、夜《よる》、桶《おけ》に清《きよ》らかな井《い》戸《ど》水《みず》を入《い》れ、クリームの入《はい》った皿《さら》を炉端《ろばた》に残《のこ》しておくことを、かかさない人《ひと》だったらしい。

この反対《はんたい》の、欲《よく》ばりな老人《ろうじん》の話《はなし》もある。彼《かれ》は、妖精《ようせい》の市《いち》で、金《きん》のカップを盗《ぬす》んだが、やがて、それは大《おお》きなキノコに変《か》わってしまった。そのうえ彼《かれ》の馬《うま》の足《あし》は、なえてしまったということだ。

妖精《ようせい》の世界《せかい》へようこそ❢

妖精《ようせい》の食《た》べもの

妖精《ようせい》の食《た》べものには、雑草《ざっそう》が混《ま》ざっているらしい。

妖精《ようせい》は、だいたい、銀草《ぎんくさ》の根《ね》やヒースの茎《くき》、赤鹿《あかしか》や山羊《やぎ》の乳《ちち》、大麦《おおむぎ》ミールなどを好物《こうぶつ》にしているようだ。妖精《ようせい》が人間《にんげん》に穀《こく》物《もつ》を借《か》りに来《く》るときは、それは常《つね》に大麦《おおむぎ》だったらしい。

また、妖精《ようせい》の国《くに》の食物《しょくもつ》は、ピリッとしている、ともいわれている。

妖精《ようせい》の食《た》べものは、豊《ゆた》かで上品《じょうひん》ということだ。しかし、人《ひと》によっては、木《こ》の葉《は》だと断言《だんげん》するものもいる。ただ、いずれにしろ、

妖精《ようせい》の世界《せかい》へようこそ!

妖精《ようせい》のダンス

一六三三年《ねん》か四年《ねん》のころのことであった。シスター・ハートというラテン語学校《ごがっこう》の助手《じょしゅ》が「妖精《ようせい》のダンス」を見《み》たという。

日暮《ひぐ》れどき、丘《おか》を越《こ》えていくと、とても小《ちい》さな人間《にんげん》が、無数《むすう》に、ぐるぐる輪《わ》になって踊《おど》り、歌《うた》い、へんな音《おと》をたてていた。彼《かれ》は、これを見《み》たとき、あまりの驚《おどろ》きに逃《に》げだすこともできずに、ただ、ぼう

ぜんと立《た》ちすくんでいた。

　そのうちに、むこうでも彼《かれ》に気《き》づき、四方《しほう》から彼《かれ》をとり囲《かこ》んだ。恐《おそ》れと驚《おどろ》きで、もはや立《た》っていることもできずに、彼《かれ》は、その場《ば》に倒《たお》れてしまった。すると、その小《ちい》さな生《い》きものたちは、テンポの速《はや》いハミングのような声《こえ》をたてながら、彼《かれ》のからだのいたるところをつまんだ。

　彼《かれ》は、だんだん自分《じぶん》がなにをしているのかわからなくなり、気《き》がついたときには、もう太陽《たいよう》がのぼっていた。このとき、彼《かれ》は、はじめて自分《じぶん》が「妖精《ようせい》のダンス」の輪《わ》のなかにいるのに気《き》づいたという。

　また、「妖精《ようせい》のダンス」のなかに、「がちょうのダンス」というのがある。これは、地面《じめん》を手《て》でたたき、上下《じょうげ》にはね、足《あし》をかわるがわる上《あ》げるというものだが、妖精《ようせい》たちは、こみいったステップを正確《せいかく》に踊《おど》ったという。

　妖精《ようせい》のダンス曲《きょく》というのは、人間《にんげん》の、とくに音楽家《おんがくか》の耳《みみ》には、強《つよ》く残《のこ》るらしく、スコットランドの「妖精《ようせい》の踊《おど》り」やアイルランド民謡《みんよう》「ロンドンデリー・エアー」は、その代表《だいひょう》例《れい》であるといわれている。

妖精《ようせい》の世界《せかい》へようこそ!

妖精《ようせい》のスポーツ

妖精《ようせい》は、音楽《おんがく》やダンスのほかに、スポーツも、たいへん好《す》きである。球技《きゅうぎ》が得意《とくい》で、とくに、フットボールやホッケーは、妖精《ようせい》たちに人気《にんき》がある。こういうスポーツ好《ず》きの妖精《ようせい》は、みな、よい、小《ちい》さな妖精《ようせい》である。

ただ、ほかの妖精《ようせい》たちのなかには、英雄妖精《えいゆうようせい》のように、好《この》んで戦闘《せんとう》をするものもある。彼《かれ》らにとっては、戦《たたか》いもスポーツの一つなのだ。その証拠《しょうこ》に、そういう妖精《ようせい》たちは、王《おう》や女王《じょおう》のもとで、戦《たたか》うことがある。そして、そのばあい、人間《にんげん》を味方《みかた》に加《くわ》えることがある。

また、こういう過激《かげき》な妖精《ようせい》たちは、人間《にんげん》の王《おう》や女王《じょおう》にも、激《はげ》しい戦《たたか》いをしかけるという。

妖精《ようせい》の入浴《にゅうよく》

妖精《ようせい》も入浴《にゅうよく》するらしい。ヨークシャーで、朝早《あさはや》く、入浴《にゅうよく》していた妖精《ようせい》たちの姿《すがた》を、ウィリアムという男《おとこ》が目撃《もくげき》している。

ある朝《あさ》、ウィリアムが温泉《おんせん》に行《い》くと、お湯《ゆ》のなかやそのまわりに、四十センチくらいの小《ち》さな生《い》きものがたくさんいた。

彼《かれ》らは、頭《あたま》から足《あし》の先《さき》まで、おそろいの緑《みどり》の服《ふく》を着《き》ており、その服《ふく》を着《き》たまま温泉《おんせん》に入《はい》っているのだった。そして、キャッキャッとなにか言《い》って騒《さわ》いでいた。

そのうち、妖精《ようせい》たちは、ひとり、ふたりと去《さ》りはじめた。そこで、ウィリアムは、彼《かれ》らと話《はなし》をしようと、

「こんにちは」

と叫《さけ》んだ。すると、妖精《ようせい》たちはあわ

てふためき、はねたり、とんぼ返《がえ》りをして、行《い》ってしまった。
ウィリアムは、ぼう然《ぜん》として、立《た》ちつくしているだけだった。

妖精《ようせい》の世界《せかい》へようこそ!

妖精《ようせい》の木《き》

妖精《ようせい》が隠《かく》れ場所《ばしょ》としたり、妖精《ようせい》と深《ふか》いかかわりのある木《き》が、いくつかある。樫《かし》、トネリコ、サンザシ、ナナカマド、ヒイラギ、柳《やなぎ》、ニワトコ、ハン、リンゴ、ハシバミ、などである。とくに、このうちの、樫《かし》、トネリコ、サンザシは、魔法《まほう》の三つ組《ぐみ》といわれ、これらがからみ合《あ》っていたり、近《ちか》くに生《は》えていたりするばあい、より強《つよ》い霊力《れいりょく》を発揮《はっき》する。

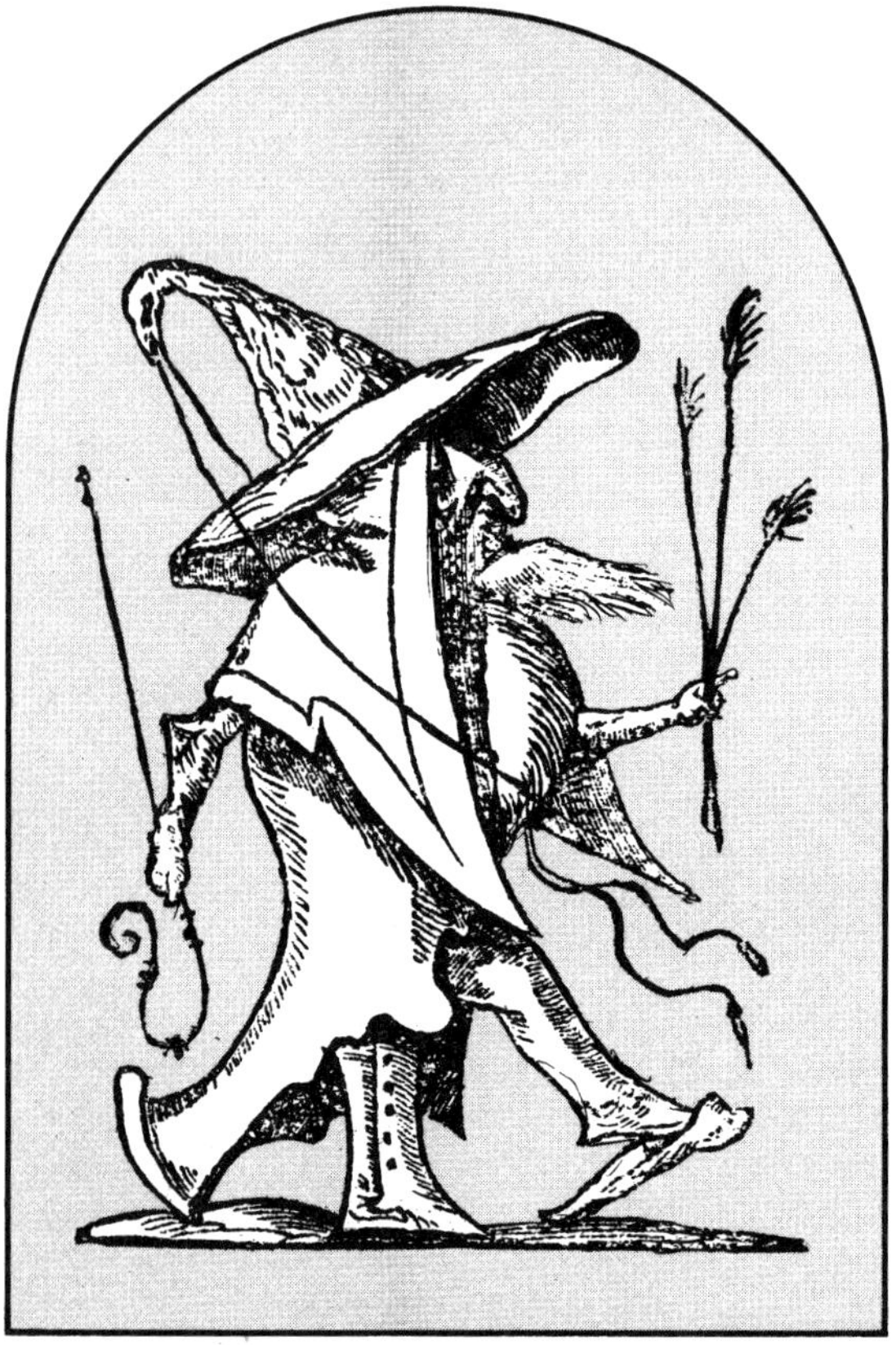

樫《かし》の木《き》には、

『妖精《ようせい》の民《たみ》は、古《ふる》い樫《かし》の木《き》に住《す》む』

ということばが残《のこ》っている。じっさい、樫《かし》の木《き》の下草《したくさ》には、邪悪《じゃあく》な〝樫《かし》男《おとこ》〟という妖精《ようせい》が住《す》みついている。

ニワトコの木《き》には、こんな話《はなし》がある。

ある女《おんな》の人《ひと》が、近所《きんじょ》の家《いえ》の赤《あか》ん坊《ぼう》が病気《びょうき》だと聞《き》いて、見舞《みま》いに行《い》った。ところが赤《あか》ん坊《ぼう》は、元気《げんき》そうだった。

「元気《げんき》そうじゃない」

彼女《かのじょ》がそう言《い》うと、母親《ははおや》は、

「このまえ、ゆりかごがこわれてしまったから、主人《しゅじん》がニワトコの木《き》を

切《き》って、新《あたら》しいのを作《つく》ったの。ところが妖精《ようせい》に断《ことわ》らなかったので、妖精《ようせい》のおばあさんが怒《おこ》って、赤《あか》ん坊《ぼう》の顔《かお》をひどくつねったのよ。それで、この子《こ》の顔《かお》は、まっ黒《くろ》になっちゃったの。でも、私《わたし》が洗《あら》って、顔《かお》に灰《はい》をまぶしてあげたら、やっともとに戻《もど》ったのよ」

女《おんな》の人《ひと》は、不思議《ふしぎ》に思《おも》い、ある家《いえ》の裏庭《うらにわ》で薪《まき》を切《き》っている老人《ろうじん》にたずねてみた。その老人《ろうじん》もニワトコの木《き》を切《き》っていたのだ。

「この木《き》を切《き》っても、こわくないんですか」

「ああ、わしはこわくないよ。この木《き》は、死《し》んどるからね。でももし、この木《き》が生《い》きとるんだったら、わしはこんなふうに言《い》うよ」

それは呪文《じゅもん》のようなものだった。

〝ばあさんや
わしにおまえの木《き》をおくれ
お返《かえ》しに　いいものをあげよう
わしが死《し》んで　木《き》になったら〟

妖精《ようせい》の世界《せかい》へようこそ！

妖精《ようせい》の動物《どうぶつ》

妖精《ようせい》は、家畜《かちく》として、動物《どうぶつ》を飼《か》っている。馬《うま》や犬《いぬ》、猫《ねこ》などである。

鳥《とり》の多《おお》くも、妖精《ようせい》の仲間《なかま》だ。そのなかでも、とくに、鷲《わし》、からす、ふくろうなどは、妖精《ようせい》の強《つよ》い味方《みかた》だ。

妖精自身《ようせいじしん》が、動物《どうぶつ》に化《ば》けることもある。化《ば》ける動物《どうぶつ》の代表的《だいひょうてき》なものは、羊《ひつじ》と鹿《しか》である。

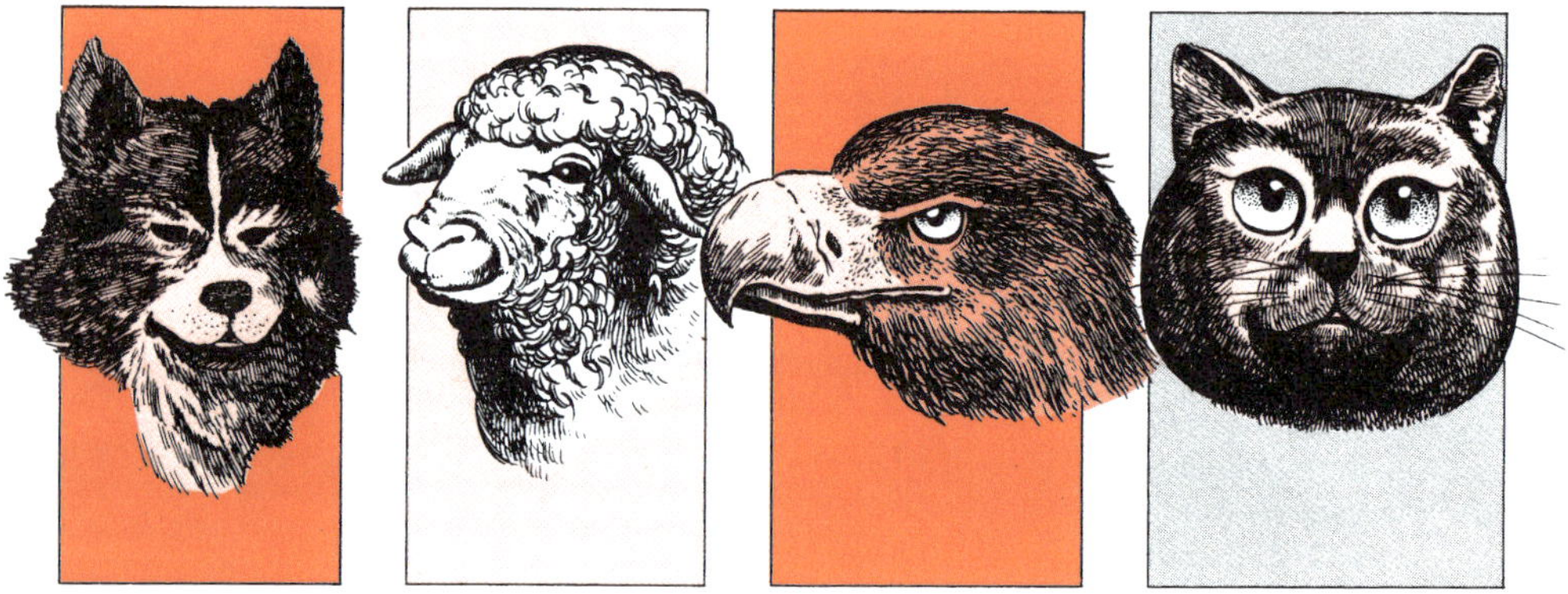

妖精《ようせい》のぬり薬《くすり》

妖精《ようせい》のぬり薬《くすり》は、油状《あぶらじょう》、あるいは軟《なん》こう状《じょう》の薬《くすり》である。主成分《しゅせいぶん》は、四《よ》つ葉《ば》のクローバーだという説《せつ》もある。

この薬《くすり》をまぶたにぬると、人間《にんげん》は、さまざまな力《ちから》をもつようになる。たとえば、妖精《ようせい》たちのほんとうの姿《すがた》を見抜《みぬ》けるようになったり、妖精《ようせい》のかけた魔力《まりょく》を見抜《みぬ》けるようになったりする。それればかりか、霊界《れいかい》を呼《よ》び起《お》こす力《ちから》や、妖精《ようせい》たちの呪文《じゅもん》の意味《いみ》を読《よ》みとる力《ちから》を得《え》るのである。

人間《にんげん》にしてみれば、このぬり薬《くすり》は、まったく魔法《まほう》の薬《くすり》である。しかし、もともと、このぬり薬《くすり》は、未熟《みじゅく》な妖精《ようせい》が必要《ひつよう》としたものだった。魔力《まりょく》をそなえた完全《かんぜん》な妖精《ようせい》には、不必要《ふひつよう》なものだったのである。

もし、人間《にんげん》が、このぬり薬《くすり》を使《つか》い、それが妖精《ようせい》にばれたら、いくら知《し》らずに使《つか》っていたとしても、ひどいしうちを受《う》けることになるのである。

妖精《ようせい》の世界《せかい》へようこそ!

妖精《ようせい》の葬式《そうしき》

妖精《ようせい》は、不死身《ふじみ》ではない。妖精《ようせい》の葬式《そうしき》を見《み》たものさえいる。

「きのうの晩《ばん》、庭《にわ》に、緑《みどり》と灰色《はいいろ》の、バッタくらいの大《おお》きさの生《い》きものが、列《れつ》を作《つく》っていたんだ。彼《かれ》らは、バラの葉《は》の上《うえ》に横《よこ》たえられた死体《したい》を運《はこ》び、歌《うた》を歌《うた》いながら、埋葬《まいそう》し、消《き》えていったんだよ」

と語《かた》る人《ひと》がいれば、ほかにもこんな話《はなし》がある。

「このまえ、ある井戸《いど》を見《み》つけた。そこで、水《みず》をくもうと、バケツを落《お》としたとき、私《わたし》は、やぶのなかから、光《ひかり》がもれているのに、気《き》づいたんだよ。するとそこから、身長《しんちょう》が十五センチくらいしかない、山高帽《やまたかぼう》をかぶったふたりの男《おとこ》が、棺《かん》をかついで、出《で》てきたんだよ」

リチャードという男《おとこ》は、どうやら、妖精《ようせい》の女王《じょおう》の葬式《そうしき》を見《み》たようだ。

ある晩《ばん》、家《いえ》に帰《かえ》るとちゅう、教会《きょうかい》のそばを通《とお》りかかると、教会《きょうかい》の鐘《かね》が重苦《おもくる》しく鳴《な》っている。教会《きょうかい》の窓《まど》からは、明《あ》かりがもれている。リチャードは、なにか気《き》になって、なかをのぞいてみた。

教会《きょうかい》のなかは、明《あか》るかった。中央《ちゅうおう》の通路《つうろ》を、小《ちい》さな人々《ひとびと》が歩《ある》いている。そのうちの六人《にん》は、ふたのない棺《かん》をかついでいる。棺《かん》に横《よこ》たわっている人《ひと》は、とても美《うつく》しく、小《ちい》さな人形《にんぎょう》のようだった。

葬式《そうしき》の参列者《さんれつしゃ》はみな、※ツルニチニチソウの花《はな》を持《も》ち、頭《あたま》に小《ちい》さなバラの冠《かんむり》をつけていた。棺《かん》は、祭壇《さいだん》のそばに掘《ほ》られた小《ちい》さな穴《あな》におろされ、参列者《さんれつしゃ》はそこに、花《はな》をつぎつぎに投《な》げこんだ。

「女王《じょおう》さまが亡《な》くなられた」

参列者《さんれつしゃ》は、口々《くちぐち》に、泣《な》き叫《さけ》んだ。

墓掘《はかほ》り人《にん》が、棺《かん》の上《うえ》に土《つち》を落《お》としはじめると、それはいっそう高《たか》まり、リチャードも声《こえ》をあげてしまった。

すると、光《ひかり》が消《き》え、参列者《さんれつしゃ》はまるで蜂《はち》のように、リチャードのそばを通《とお》り過《す》ぎた。リチャードは、そのとき、するどい痛《いた》みを感《かん》じたということだが、のちに、命《いのち》が助《たす》かっただけでも幸運《こううん》だったと、友《とも》だちに語《かた》ったという。

※ツルニチニチソウ＝葉《は》が対《つい》になっており、一方《いっぽう》に花《はな》を、他方《たほう》に芽《め》をつける植物《しょくぶつ》。

パッパパ〜
葬式《そうしき》のときには悲《かな》しみ
のラッパを吹《ふ》くんだ

妖精《ようせい》の世界《せかい》へようこそ!

妖精《ようせい》のトリック

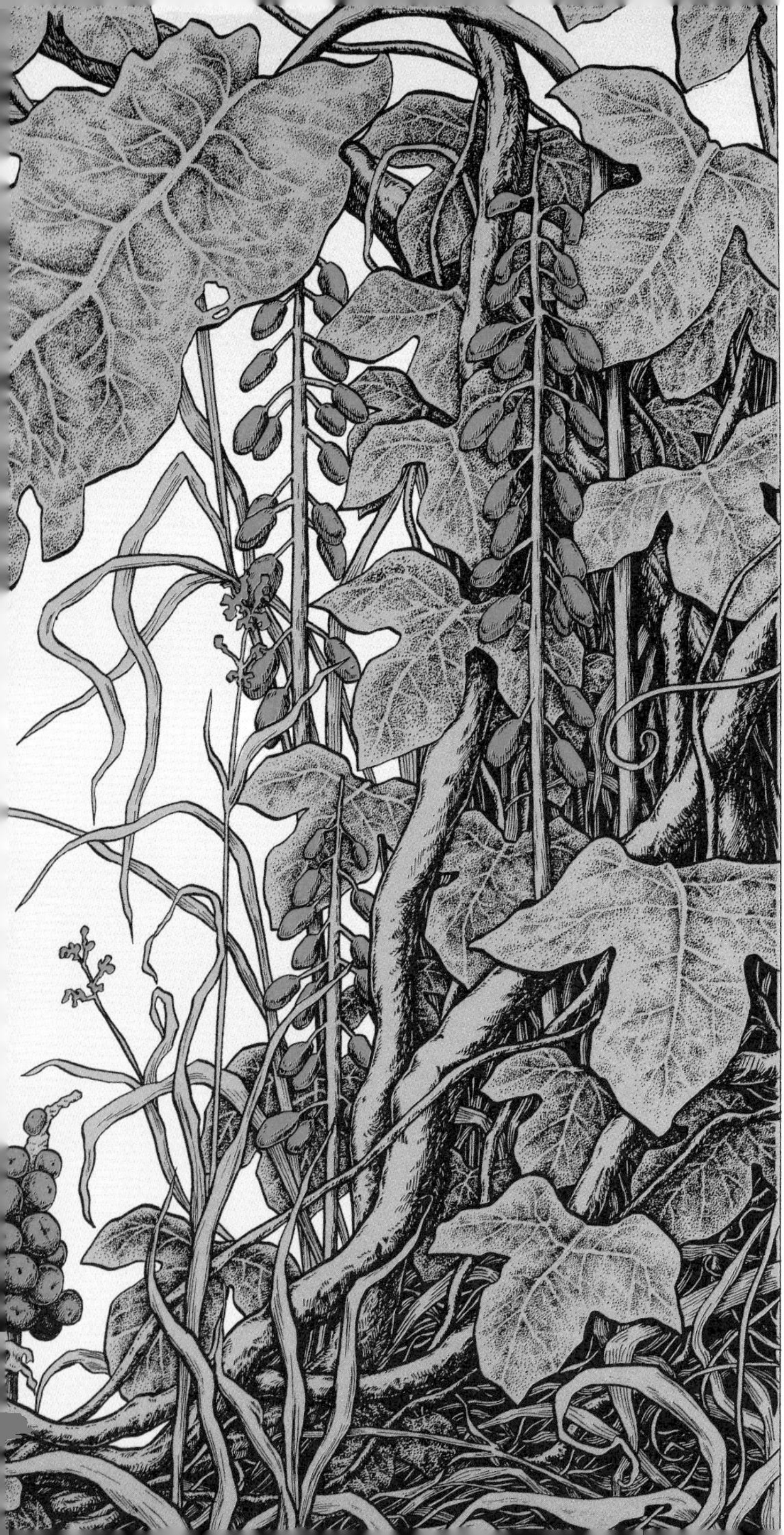

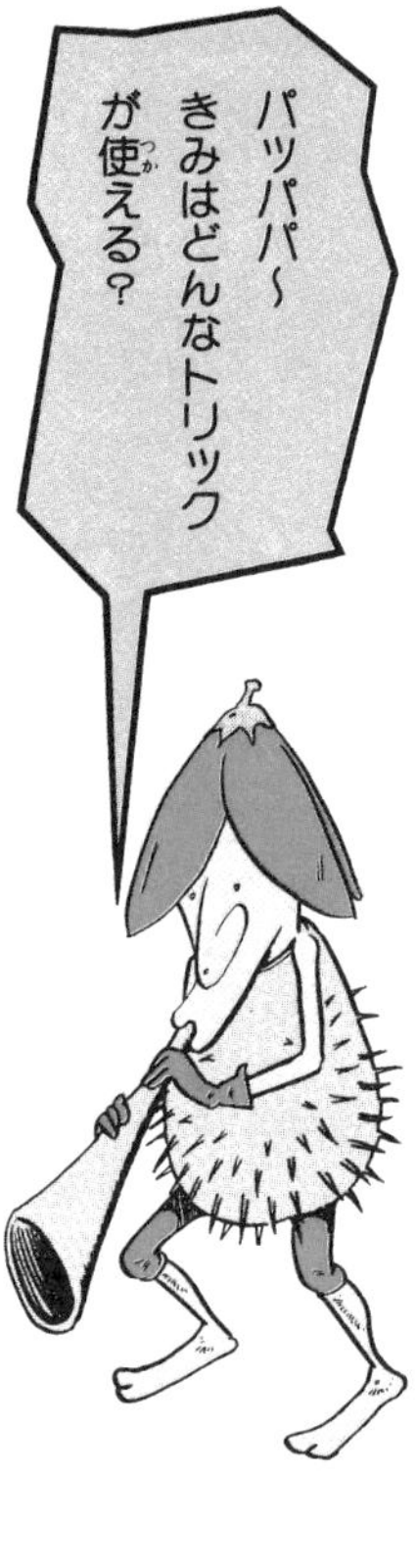
パッパパ〜
きみはどんなトリック
が使《つか》える？

超自然《ちょうしぜん》の魔法使《まほうつか》いや巨人《きょじん》が用《もち》いるトリックのなかに〝分離魂《ぶんりこん》〟というのがある。

これは、自分《じぶん》の生命《せいめい》あるいは魂《たましい》を、自分《じぶん》のからだから離《はな》して、卵《たまご》のなかに隠《かく》す、というものだ。そして、その卵《たまご》は、がちょうのからだ、羊《ひつじ》の腹《はら》、貯蔵庫《ちょぞうこ》のなか、または敷石《しきいし》といった妖精《ようせい》の隠《かく》し場所《ばしょ》にしまいこまれる。

こうすることによって、たとえ自《じ》分《ぶん》のからだが切《き》り裂《さ》かれたとしても、生《い》きのびることができるのである。

妖精《ようせい》の世界《せかい》へようこそ❢

妖精《ようせい》のあざ

小《ちい》さなまるいあざは、妖精《ようせい》が指《ゆび》でつまんだあとであるといわれている。妖精《ようせい》が人間《にんげん》にあざをつけるばあい、それは、人間《にんげん》に対《たい》する罰《ばつ》であることがある。というのも、妖精《ようせい》は、不道《ふどう》徳《とく》なことや、不潔《ふけつ》なことを嫌《きら》うからである。

たとえば、妖精《ようせい》のことをそっと調《しら》べたり、妖精《ようせい》のプライバシーを犯《おか》したりすると、つままれる。

また、妖精《ようせい》の女《じょ》性《せい》は、子《こ》どもを炉《ろ》ばたで洗《あら》う。だから人間《にんげん》は、炉ばたに、澄《す》んだ清《きよ》らかな水《みず》をいつも置《お》いておかねばならない。この仕事《しごと》をさぼって、水《みず》が入《はい》っていなかったり、汚《よご》れていたりすると、そこの家《いえ》の人《ひと》は、足《あし》を不自由《ふじゆう》にさせられたり、つままれて、あざをつけられることがある。

妖精《ようせい》がもたらす病気《びょうき》

リューマチや、からだがねじれたり変形《へんけい》したりする病気《びょうき》は、妖精《ようせい》がなぐったからだと考《かんが》えられている。傷《きず》はないがとても痛《いた》い。

中風《ちゅうふう》になるのは、妖精《ようせい》の市《いち》に迷《まよ》いこんだことがあるからだ。むかし、ある旅人《たびびと》が、夜《よる》、この市《いち》に出《で》くわした。もっと近《ちか》くで見《み》ようと歩《あゆ》み寄《よ》ったところ、それは消《き》えてしまった。ところが、そのとき旅人《たびびと》は、自分《じぶん》のからだに強《つよ》い圧迫《あっぱく》を感《かん》じ、それからというもの、一生《いっしょう》、からだがまひしたままだったという。

こむらがえりや、あざは、妖精《ようせい》が指《ゆび》でつまんだあとで、結核患者《けっかくかんじゃ》は、毎晩《まいばん》、妖精《ようせい》の丘《おか》にむりやり連《つ》れていかれるので、疲《つか》れて回復《かいふく》しないのだともいわれている。皮膚病《ひふびょう》や、しらみによる害《がい》も妖精《ようせい》のせいだし、多《おお》くの動物《どうぶつ》の病気《びょうき》も妖精《ようせい》のしわざとみられていた。とつぜん病気《びょうき》にかかった家畜《かちく》は、すぐに妖精《ようせい》に殺《ころ》されて、食《た》べられてしまうともいう。

妖精《よう せい》の世界《せかい》へようこそ❢

妖精《ようせい》のすりかえ品《ひん》

ある日《ひ》、ひとりの小作人《こさくにん》が、はぐれた山羊《やぎ》をさがしていた。すると、とつぜん、濃《こ》い霧《きり》に巻《ま》きこまれた。どこを向《む》いてもなにも見《み》えず、彼《かれ》はなかばやけくそになって歩《ある》きはじめた。

しばらく歩《ある》くと、そう遠《とお》くないところに明《あ》かりが見《み》えてきた。彼《かれ》が急《いそ》いで近寄《ちかよ》ってみると、それは、とても奇妙《きみょう》な建物《たてもの》だった。ド

アが開《ひら》いていたので、なかへ足《あし》をふみ入《い》れたとたん、彼《かれ》は、あまりの驚《おどろ》きに立《た》ちすくんだ。最近《さいきん》死《し》んだばかりの近所《きんじょ》の女《おんな》の人《ひと》がいたからである。彼女《かのじょ》は、

「ここは妖精《ようせい》の家《いえ》で、私《わたし》はこの家《いえ》の番《ばん》をしているのです」

と言《い》うと、妖精《ようせい》たちに見《み》つからないように、彼《かれ》を部屋《へや》のすみへ連《つ》れていった。

やがて妖精《ようせい》たちが帰《かえ》ってきて、食《しょく》事《じ》を始《はじ》めた。

「あのけちな小作人《こさくにん》が、わしたちの分《わ》け前《まえ》をだまし取《と》った。やつは、やつのおばあさんから呪文《じゅもん》を教《おそ》わっていて、それを使《つか》って、わしたちの分《ぶん》をだまし取《と》っているんだ」

食事《しょくじ》をしながら、ある年《とし》とった妖《よう》精《せい》がこんなことを言《い》った。

「いま、やつは家《いえ》にいない。わしたちの仲間《なかま》が化《ば》けた山羊《やぎ》をさがしているはずだ。やつの家族《かぞく》は呪文《じゅもん》を使《つか》えない。だから、やつの雄牛《おうし》をもらいに行《い》こう！」

みんなは、この計画《けいかく》に賛成《さんせい》して拍《はく》手《しゅ》した。

「パンはどうするかね？」

と、ひとりの妖精《ようせい》が言《い》った。

「焼《や》きたてのパンをいただこうぜ。やつのかみさんは、焼《や》きたてのパンに、十字《じゅうじ》の印《しるし》をつけるのを忘《わす》れているからね」

計画《けいかく》は、すぐに実行《じっこう》された。雄牛《おうし》は殺《ころ》され、妖精《ようせい》たちは料理《りょうり》を始《はじ》めた。そのすきに、やっと彼《かれ》は、妖精《ようせい》の家《いえ》を抜《ぬ》け出《だ》すことができた。

すでに霧《きり》は晴《は》れ、月《つき》が輝《かがや》いていた。彼《かれ》が急《いそ》いで家《いえ》に帰《かえ》ると、かみさんが、焼《や》きたてのパンをテーブルに並《なら》べているところだった。

「おい、パンに十字《じゅうじ》の印《しるし》をつけたかい？」

「あら、忘《わす》れちゃったわ」

と、かみさんは答《こた》えた。

彼《かれ》は息子《むすこ》のところに行《い》ってみた。

「今晩《こんばん》、雄牛《おうし》に呪文《じゅもん》をかけたかい？」

「ああ、すっかり忘《わす》れてた」

「私《わたし》の大事《だいじ》な雄牛《おうし》はもういない」

彼《かれ》がそう叫《さけ》ぶと、息子《むすこ》は言《い》った。

「でも、父《とう》さん。雄牛《おうし》はちゃんといるよ」

「いいや、そいつは妖精《ようせい》のストックだよ。妖精《ようせい》にすりかえられたのさ」

彼《かれ》は、妖精《ようせい》たちのことをののしると、雄牛《おうし》とパンを地面《じめん》にたたきつけた。そして、雄牛《おうし》の死体《したい》とパンを、家《いえ》の裏《うら》の土手《どて》に捨《す》てた。

この雄牛《おうし》とパンは、ずっとそこに捨《す》てておかれたままだったという。というのは、犬《いぬ》や猫《ねこ》でさえ、これらのものに歯《は》一つたてようとはしなかったからだ。

妖精《ようせい》の道《みち》迷《まよ》わし

みんなも道《みち》に迷《まよ》っちゃうことがあるでしょ？

ほう、おかしなことをするんだねえ

人間《にんげん》を道《みち》に迷《まよ》わせるのも、妖精《ようせい》の特《とく》ちょうのひとつで、とくに〝ピクシー〟は、その第一人者《だいいちにんしゃ》である。

妖精《ようせい》には、人間《にんげん》を道《みち》に迷《まよ》わせる呪《じゅ》文《もん》というのがあるらしい。妖精《ようせい》は、その呪文《じゅもん》を泥炭《でいたん》の上《うえ》に置《お》いておく。すると、それをふんでしまった人間《にんげん》は、よく知《し》っている場所《ばしょ》なのに、道《みち》に迷《まよ》ってしまうという。

いったん、この呪文《じゅもん》にかかると、何時間《なんじかん》も道《みち》をさまようが、呪文《じゅもん》はとつぜん、とけるのだという。

ある老《お》いた牧師《ぼくし》が、真夜中《まよなか》、数《すう》キロ離《はな》れたところにいる病人《びょうにん》を見舞《みま》お

うとして、家《いえ》を出《で》た。病人《びょうにん》がいるところまでの道《みち》は、がんじょうな門《もん》を通《とお》って、まん中《なか》に、〝妖精《ようせい》の木《き》〟といわれる樫《かし》の木《き》がある野原《のはら》へと続《つづ》き、道《みち》の終《お》わりには、階段《かいだん》があるはずだった。

ところが、なぜかその階段《かいだん》はなく、道《みち》は、その手《て》まえで終《お》わっていた。牧師《ぼくし》は、もと来《き》た道《みち》を引《ひ》き返《かえ》したが、すると、こんどは門《もん》までも消《き》え去《さ》り、けっきょく、野原《のはら》をぐるぐる歩《ある》くはめになってしまった。妖精《ようせい》の呪文《じゅもん》にかかってしまったのだ。

数時間《すうじかん》がたって、とつぜん呪文《じゅもん》がとけたのだろう。門《もん》が見《み》つかった。牧師《ぼくし》は、家《いえ》に戻《もど》ると、こんどは自転車《じてんしゃ》で出直《でなお》した。

これが〝妖精《ようせい》の道迷《みちまよ》わし〟の一つの話《はなし》であるが、こんなときには、自分《じぶん》の着《き》ているコートを引《ひ》っくり返《かえ》すと、呪文《じゅもん》がとけるといわれている。この牧師《ぼくし》は、そのことを知《し》らなかったのだろう。

妖精《ようせい》の世界《せかい》へようこそ❢

妖精《ようせい》のとりかえっ子《こ》

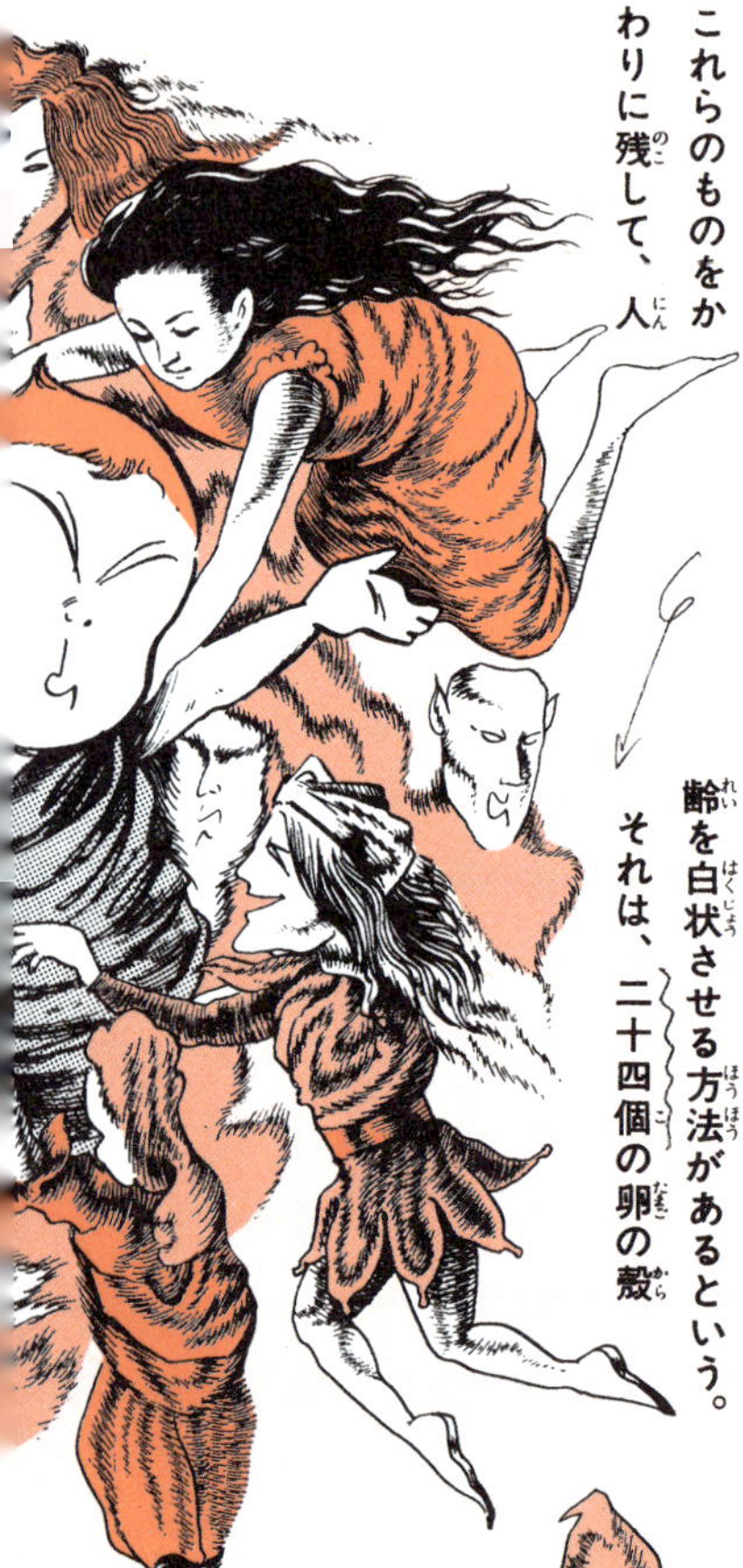

人間《にんげん》の子《こ》どもを、自分《じぶん》たちの子《こ》どもにしたいというのは、妖精《ようせい》の強《つよ》い願《ねが》いらしく、しばしば人間《にんげん》の子《こ》どもを盗《ぬす》んでは、別《べつ》のものととりかえる。

この別《べつ》のものには、どんなものがあるかというと、さまざまで、たとえば子《こ》どもをかたどった木彫《きぼ》りだったり、あとで消《き》えてしまう生《い》きものだったり、古代《こだい》の妖精《ようせい》だったりする。

これらのものをかわりに残《のこ》して、人間《にんげん》の洗礼《せんれい》まえの子《こ》どもをゆりかごなどから、さらっていってしまうのがふつうである。

ある人《ひと》はこういう〝とりかえっ子《こ》〟で、妖精《ようせい》がかわりに置《お》いていった子《こ》どもは、盗《ぬす》まれた子《こ》どもとそっくりだが、すぐに年《とし》をとり、顔《かお》はみにくくなり、姿《すがた》はしなびて、泣《な》いたりわめいたりして、恐《おそ》ろしいという。

また、〝とりかえっ子《こ》〟で、かわりに置《お》いていった子《こ》が年《とし》をとった妖精《ようせい》だと思《おも》われたとき、そのおよその年齢《ねんれい》を白状《はくじょう》させる方法《ほうほう》があるという。

それは、二十四個《こ》の卵《たまご》の殻《から》を炉《ろ》の上《うえ》にかけ、かきまぜるしぐさをする。すると、それを見《み》た〝とりかえっ子《こ》〟の妖精《ようせい》は、

「樫《かし》の木《き》より先《さき》にどんぐりを見《み》たことはあるが、卵《たまご》のなかで食《た》べものを作《つく》るなんて見《み》たこともない」

と、白状《はくじょう》する。つまり、この妖精《ようせい》は、樫《かし》の木《き》が、どんぐりから芽《め》をだし、若木《わかぎ》に育《そだ》ち、成長《せいちょう》するまでを、ずっと見《み》てきたというのだから、やはり、自分《じぶん》が年《とし》とっているのを告白《こくはく》し

ているのである。

そうしたら、その妖精《ようせい》を、火《ひ》のなかへ投《な》げこめばよい。妖精《ようせい》は、笑《わら》いながら煙突《えんとつ》から逃《に》げ出《だ》し、ほんとうの子《こ》が返《かえ》される。

また、妖精《ようせい》は、人間《にんげん》の子《こ》どもだけでなく、人間《にんげん》の食《た》べもの、たとえば、穀物《こくもつ》、ミルク、バターなども、ちょくちょく盗《ぬす》む。そんなときも、やはり、〝とりかえっ子《こ》〟と同《おな》じように、にせものをかわりに置《お》いていく。

そのほかにも、妖精《ようせい》は人間《にんげん》からいろいろなものを借《か》りたりする。

妖精《ようせい》の世界《せかい》へようこそ

妖精《ようせい》へのおまじない

妖精《ようせい》のいる場所《ばしょ》に行《い》くときは、ポケットのなかに二切《き》れの乾《かん》パンを入《い》れていく、という習慣《しゅうかん》があった。これは、妖精《ようせい》へのおまじないの古《ふる》い言《い》い伝《つた》えであるが、古《ふる》い墓地《ぼち》からとれた土《つち》は魔力《まりょく》をもち、妖精《ようせい》や霊《れい》に対《たい》するお守《まも》りになるともいわれている。

また、子《こ》どもが、ヒナギクの首飾《くびかざ》りや冠《かんむり》をするのは、妖精《ようせい》にさらわれないようにするためである。ヒナギクは太陽《たいよう》のシンボルで、魔法《まほう》から身《み》を守《まも》る力《ちから》があるからだ。

そのほか、真夏《まなつ》の草木《くさき》というのは一般《いっぱん》に妖精《ようせい》に強《つよ》いとされている。四《よ》つ葉《ば》のクローバーは、ぬり薬《ぐすり》として使《つか》うと、妖精《ようせい》にかけられた魔力《まりょく》や呪文《じゅもん》が解《と》かれる。また、妖精《ようせい》の姿《すがた》を見《み》ることもできるという。

干《は》し魚《ざかな》を塩水《しおみず》で煮《に》つめたものを乳房《ちぶさ》にぬるのも、妖精《ようせい》を追《お》い払《はら》うのに効果的《こうかてき》な方法《ほうほう》であるらしい。

それから、馬屋《うまや》とか家《いえ》の上《うえ》に馬蹄《ばてい》をつるしておくと、妖精《ようせい》の侵入《しんにゅう》を防《ふせ》げるともいわれている。

妖精学《ようせいがく》の第一人者《だいいちにんしゃ》であるトーマス・キートリーは、

「妖精《ようせい》へのおまじないがいろいろあるにもかかわらず、たくさんの赤《あか》ん坊《ぼう》が盗《ぬす》まれたり、旅人《たびびと》が道《みち》に迷《まよ》わされたりするのには、たいへん驚《おどろ》かされる」

と述《の》べている。

妖怪《ようかい》とか妖精《ようせい》といったものは、なかなか一筋《ひとすじ》なわではいかないようである。

エッヘッヘ
おまじないなんて
へっちゃらだーい!!

妖精《ようせい》の世界《せかい》へようこそ❢

妖精《ようせい》を見《み》る方法《ほうほう》

ふつう妖精《ようせい》は、自分《じぶん》たちの姿《すがた》を人《にん》間《げん》に見《み》られることを嫌《きら》う。また、人《にん》間《げん》のほうも、見《み》ようと思《おも》っても、そうかんたんに見《み》えるわけではない。

ところが、自分《じぶん》で見《み》ようと思《おも》えばいつでも、またはときどき、妖精《ようせい》を見《み》ることができる人《ひと》がいる。こういう人《ひと》たちは、「才能《さいのう》のある人《ひと》」とか、「見《み》える人《ひと》」などと呼《よ》ばれている。

この「見《み》える人《ひと》」は、一種《いっしゅ》の家庭《かてい》霊《れい》と交際《こうさい》があり、呪文《じゅもん》によって妖精《ようせい》を呼《よ》び出《だ》すことができるという。日《に》本《ぽん》でいうと、恐山《おそれざん》のいたことというところだろうか。

エジンバラの大臣《だいじん》の妻《つま》、スチュアート夫人《ふじん》の父親《ちちおや》が、子《こ》どものころ、妖精《ようせい》を見《み》たという話《はなし》が残《のこ》っている。

一時《いちじ》、彼《かれ》と彼《かれ》の姉《あね》は、おばあさんの家《いえ》にあずけられていたことがあったが、その家《いえ》の近《ちか》くには、妖精《ようせい》を見《み》ることができると評判《ひょうばん》の女《おんな》の人《ひと》が住《す》んでいた。

ある日《ひ》、彼《かれ》が友《とも》だちと遊《あそ》んでいると、その女《おんな》の人《ひと》がやってきて

「私《わたし》といっしょに来《き》てごらん。いいものを見《み》せてあげるよ」

と言《い》った。

少年《しょうねん》たちがついていくと、やがて美《うつく》しい小川《おがわ》のほとりに着《つ》いた。

「あれを見《み》てごらん」

少年《しょうねん》たちがむこうの丘《おか》の斜面《しゃめん》に目《め》をやると、小《ちい》さな人《ひと》たちが、燃《も》えさかる火《ひ》のまわりで踊《おど》っているのが見《み》えた。それは、この世《よ》のものとは思《おも》えないような、うっとりとするながめであった。

翌日《よくじつ》、少年《しょうねん》たちは、自分《じぶん》たちだけで、もう一度《いちど》その丘《おか》へ行《い》ってみた。しかし、どこをさがしても、火《ひ》が燃《も》えていたようなあとすら見《み》つからなかったという。

父親《ちちおや》からこの話《はなし》を聞《き》いたスチュアート夫人《ふじん》が、妖精《ようせい》を見《み》る方法《ほうほう》をよく教《おそ》わっていなかったのは、たいへん残念《ざんねん》である。

しかし、妖精《ようせい》を見《み》る方法《ほうほう》が伝《つた》わっていないわけではない。それは、つぎのような方法《ほうほう》である。

まず、自分《じぶん》の髪《かみ》の毛《け》を数本《すうほん》つなげて、腰《こし》のまわりに結《むす》ぶ。それから、からだを前《まえ》にかがめて、両足《りょうあし》のあいだから、葬式《そうしき》が二回《にかい》通《とお》りすぎるのを見《み》る。すると、妖精《ようせい》を見《み》ることができるようになるというのだ。

しかし、髪《かみ》の毛《け》を腰《こし》に巻《ま》いているあいだに風《かぜ》の向《む》きが変《か》わったりすると、効果《こうか》がなくなってしまう、といったぐあいに、いろいろときびしい条件《じょうけん》があるようだ。

妖精《よう》《せい》の世界《せ》《かい》へようこそ!

妖精学者《ようせいがくしゃ》

「妖精学者《ようせいがくしゃ》」とは、妖精《ようせい》についてのいろいろなことを、くわしく知《し》っている人《ひと》のことである。彼《かれ》らには、妖《よう》精《せい》が見《み》え、日常生活《にちじょうせいかつ》に起《お》こるトラブルに、妖精《ようせい》がかかわっているかどうかを見《み》きわめられる。そして、もし妖精《ようせい》がかかわっているばあいは、そのトラブルをうまく解決《かいけつ》できるのだ。また、「妖精学者《ようせいがくしゃ》」は、妖精《ようせい》たちと親《した》しいので、妖精《ようせい》たちの薬草《やくそう》やまじないについても、とてもくわしい。

このような特別《とくべつ》な力《ちから》というのは、妖精《ようせい》とのつき合《あ》いや、その人自身《ひとじしん》のもって生《う》まれた気質《きしつ》から作《つく》り出《だ》されている、といわれている。たしかに「妖精学者《ようせいがくしゃ》」は、妖精《ようせい》の国《くに》に連《つ》れ去《さ》られ、七年間《ねんかん》もそこで暮《くら》らしたような人々《ひとびと》で、群《む》れをなす妖精《ようせい》たちを友《とも》だちにしている。

妖精《ようせい》に愛《あい》された「妖精学者《ようせいがくしゃ》」のような人々《ひとびと》は、のちに、大詩人《だいしじん》になったり、大音楽家《だいおんがくか》になったりすることもある。

じっさいに、ある「妖精学者《ようせいがくしゃ》」を知《し》っている人《ひと》は、こんなことを言《い》っている。

「彼《かれ》は、ビールにも酒《さけ》にも肉《にく》にも手《て》をふれず、パンとくだものだけを食《た》べていた。季節《きせつ》と関係《かんけい》なく、決《き》まってフランネルの上衣《うわぎ》を着《き》ていたよ。宴会《えんかい》でも、けっして酒《さけ》やごちそうには手《て》を出《だ》さない。暮《く》らし向《む》きは楽《らく》なのに、妻《つま》をめとらず、女性《じょせい》を愛《あい》したこともなかった。実生活《じっせいかつ》から、まったくかけ離《はな》れたところにいたんだな。金《かね》で、秘密《ひみつ》を聞《き》き出《だ》そうとしても、だめだった。知識《ちしき》を売《う》れば、雷《かみなり》に打《う》たれて死《し》ぬ、と信《しん》じていたのさ。いつも、※トネリコの杖《つえ》を持《も》っていて、祈《いの》るときは、それを膝《ひざ》の上《うえ》に横《よこ》たえて、握《にぎ》っていた。その祈《いの》りが通《つう》じたのか、老人《ろうじん》になっても、一度《ど》も病気《びょうき》をしたことはなかったよ。怒《おこ》るのを見《み》た者《もの》も、腹《はら》だたしい口調《くちょう》を聞《き》いた者《もの》もいないよ」

そして「妖精学者《ようせいがくしゃ》」は、死《し》の直前《ちょくぜん》、自分《じぶん》の後継者《こうけいしゃ》だけに、秘法《ひほう》を明《あ》かす、ということだ。

うわーん、はなしてー
ぼくを食《た》べても
おいしくないよー

※トネリコ＝樫《かし》、サンザシとともに魔法《まほう》の三つ組《くみ》といわれる霊《れい》力《りょく》の強《つよ》い妖精《ようせい》の木《き》。

こんどは、ぼくたちの
仲間《なかま》を紹介《しょうかい》しよう
さあ、こっちよ
私《わたし》についてきてネ!!

第2章

いろんな妖精たちを紹介しよう

いろんな妖精《ようせい》たちを紹介《しょうかい》しよう！

エルフ
――ヨーロッパ

スカンジナビア地方《ちほう》では、妖精《ようせい》は〝エルフ〟と呼《よ》ばれる。その〝エルフ〟のなかには、ライトとダーク、つまり明《あか》るい〝エルフ〟と暗《くら》い〝エルフ〟というのがあり、明《あか》るい〝エルフ〟のほうは、イギリスの小《ちい》さな妖精《ようせい》に似《に》ている。

〝エルフ〟の女王《じょおう》は、美《うつく》しく魅力的《みりょくてき》で、灰色《はいいろ》のドレスに白《しろ》いベールをつけているが、ただ一つの欠点《けってん》は、長《なが》い牛《うし》のしっぽがついていることである。

以前《いぜん》、この〝エルフ〟の女王《じょおう》とダンスをした男《おとこ》がいたが、その長《なが》いしっぽを見《み》て、すぐに彼女《かのじょ》の正体《しょうたい》を見《み》破《やぶ》った。機転《きてん》のきく男《おとこ》は、「かわいい娘《むすめ》さん、靴下止《くつしたど》めをなくしたね？」と言《い》って、彼女《かのじょ》に気《き》に入《い》られたという。

エルフの女王《じょおう》さまに
会《あ》ったことがあるわよ

デンマークの〝エルフ〟は、男女《だんじょ》とも、前《まえ》から見《み》るとたいへん美《うつく》しいが、うしろ姿《すがた》はぼんやりとしている。そして、人間《にんげん》の食《た》べものを盗《ぬす》んだりするという。

スコットランドには〝エルファム〟という妖精《ようせい》の国《くに》があり、そこに住《す》む〝エルフ〟は、人間《にんげん》と同《おな》じ大《おお》きさをしている。

イギリスでは〝エルフ〟というと、もっと小《ちい》さくて群《む》れをなす妖精《ようせい》のことである。

パッパパ～
寄《よ》りそうふたりに
愛《あい》のテーマをおくろう

いろんな妖精《ようせい》たちを紹介《しょうかい》しよう❢

ファハン

——スコットランド

〝ファハン〟の姿《すがた》は、胸《むね》から一本《ぽん》の手《て》、腰《こし》から一本《ぽん》の足《あし》、顔《かお》のまん中《なか》に一つ目《め》があるだけの、奇怪《きかい》な姿《すがた》をしている。性格《せいかく》は、野蛮《やばん》で、陰気《いんき》だという。

〝ファハン〟は、スコットランドの高地《こうち》にいるといわれているが、一種《いっしゅ》の〝山《やま》の精《せい》〟であろうか。

日本《にっぽん》には、〝呼《よ》ぶ子《こ》〟という、山《やま》びこの妖怪《ようかい》がいて、その姿《すがた》が〝ファハン〟にすこし似《に》ているが、こんなにこわくはない。

いろんな妖精《ようせい》たちを紹介《しょうかい》しよう！

ゴブリン

——イギリス

小《ち》さくて、気味《きみ》のわるい姿《すがた》をしているわるい霊《れい》やいたずらな霊《れい》を、一《いっ》般《ぱん》に、〝ゴブリン〟という。

〝ホブゴブリン〟は、かまどの霊《れい》で、ときにはいたずらもするが、性格《せいかく》がよく、人間《にんげん》の役《やく》にたつという。

イギリスのウェールズ地方《ちほう》では、〝ゴブリン〟のことを〝コブラナイ〟と呼《よ》ぶ。

みにくい姿《すがた》をしているが、人間《にんげん》に親切《しんせつ》で、鉱夫《こうふ》のような服《ふく》を着《き》て鉱山《こうざん》を掘《ほ》っているという。

〝コブラナイ〟が現《あら》われると、その鉱山《こうざん》は栄《さか》えるが、現《あら》われないとだめになる。その点《てん》、日本《にっぽん》の〝ざしきわらし〟によく似《に》ている。

いろんな妖精《ようせい》たちを紹介《しょうかい》しよう❢

鬼火《おにび》

——イギリス

〝鬼火《おにび》〟というのは、日本《にっぽん》だけではなく、いろいろな国《くに》にあるようだ。日本《にっぽん》の怪火《かいか》のほとんどがそうであるように、〝鬼火《おにび》〟も、なにかの罪《つみ》のために安《やす》らかに眠《ねむ》れない魂《たましい》である。

たとえば、むかし、となりの家《いえ》との境界線《きょうかいせん》を動《うご》かしてしまったために呪《のろ》われた男《おとこ》が、火《ひ》をひらめかせながら、その土地《とち》に出没《しゅつぼつ》するという。

また〝鬼火《おにび》〟は、幼《おさな》くして死《し》んだ子《こ》どもの魂《たましい》である、という説《せつ》もある。

いろんな妖精《ようせい》たちを紹介《しょうかい》しよう❢

イグニス・ファトウス

――イギリス

〝イグニス・ファトウス〟は、〝鬼火《おにび》〟の一種《いっしゅ》で、これが、死《し》の前兆《ぜんちょう》として考《かんが》えられるときには、〝肉体《にくたい》ろうそく〟あるいは〝死《し》のろうそく〟などと呼《よ》ばれる。

これについての起源説《きげんせつ》は、いくつかあって、なんらかの罪《つみ》で安《やす》らかになれない魂《たましい》が、死《し》んだその地《ち》に、火《ひ》となって出没《しゅつぼつ》するのだとか、あるいは、死《し》んでから、天国《てんごく》からも地獄《じごく》からも拒絶《きょぜつ》されてしまった男《おとこ》が、沼地《ぬまち》の上《うえ》で、旅人《たびびと》を死《し》に誘《さそ》うために、石《せき》炭《たん》をきらきら燃《も》やすのだとかいわれている。

また、ところによっては、この〝鬼《おに》火《び》〟の正体《しょうたい》は、いたずらな〝ボガート〟(〝ゴブリン〟と同《おな》じ)と考《かんが》えられている。

日本《にっぽん》の〝遺念火《いねんび》〟とか〝くらべ火《び》〟といったような、うらみが火《ひ》になったたぐいのものであろうが、それならば、日本《にっぽん》には〝老人火《ろうじんび》〟とか、〝龍《りゅう》燈《とう》〟とか、数《かぞ》えれば百《ひゃく》を越《こ》すだろう。どうもヨーロッパには、それほど多《おお》くないようだ。

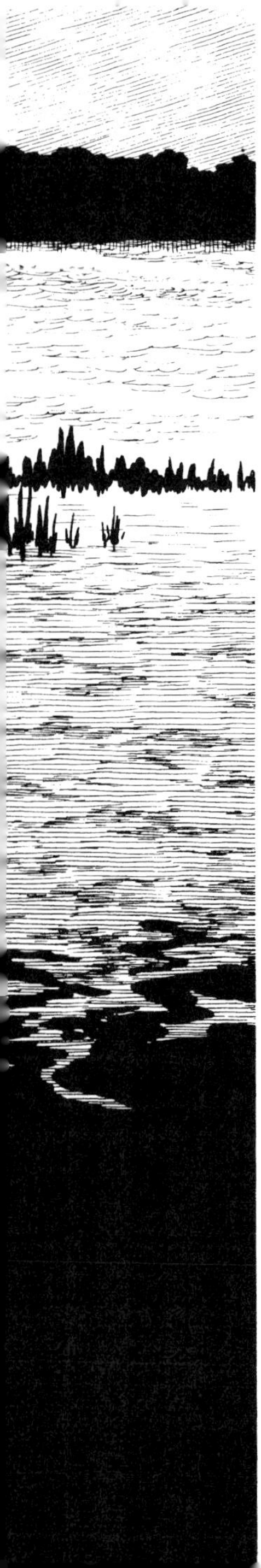

いろんな妖精《ようせい》たちを紹介《しょうかい》しよう❢
スパンキー
――スコットランド

スコットランドでは、〝鬼火《おにび》〟のことを〝スパンキー〟という。ルース・タングという人《ひと》によると〝スパンキー〟は、洗礼《せんれい》まえに死《し》んだ子《こ》どもの魂《たましい》であるという。

また、〝スパンキー〟は悪魔《あくま》のようなもので、人《ひと》びとが陸地《りくち》をさまよったり、海《うみ》で難破《なんぱ》したりするのは、すべて〝スパンキー〟のしわざである、という説《せつ》もある。

夜《よる》、船《ふね》が、陸地《りくち》のほうに明《あ》かりを見《み》つけ、その明《あ》かりをたよりに進《すす》んでいくと、やがてその船《ふね》は沈《しず》んでしまう。陸《りく》の明《あ》かりだと思《おも》ったのは、じつは〝スパンキー〟だったというわけなのだ。

ストークペロ教会《きょうかい》というところには、ハロウィンのときに〝スパンキー〟がやって来《く》るという。〝スパンキー〟はその年《とし》の幽霊《ゆうれい》を、ハロウィンに行《おこ》なわれる葬式《そうしき》に参加《さんか》させる案《あん》内役《ないやく》として、いたるところから集《あつ》まってくるのだそうだ。

いろんな妖精《ようせい》たちを紹介《しょうかい》しよう❣

ムリアン
——イングランド

〝ムリアン〟は、コーンウォール語《ご》で、蟻《あり》を意味《いみ》している。

コーンウォール半島《はんとう》の人々《ひとびと》は、蟻《あり》を殺《ころ》すことは不吉《ふきつ》だと考《かんが》えているが、それは、妖精《ようせい》が小《ち》さくなった姿《すがた》であると信《しん》じているからだ。そして、なぜ小《ち》さくなってしまったかといえば妖精《ようせい》たちはほかの生《い》きものの姿《すがた》に変《か》わる力《ちから》をもっていて、もとに戻《もど》ったときには、まえよりも小《ち》さくなり、その変身《へんしん》をくり返《かえ》してきたからだという。

私《わたし》は、二、三年《ねん》まえ、山《やま》のなかで蟻《あり》が戦争《せんそう》をしているのを見《み》て、驚《おどろ》いたことがある。おたがいに一列《れつ》に並《なら》んで戦《たたか》っているのだ。なかには、死《し》んだり、重傷《じゅうしょう》のために動《うご》けなくなっているのもいた。この死体《したい》を、どのように処理《しょり》するのだろうと思《おも》って、三十分《ぷん》くらい見《み》ていたが、それにかまわず、戦《たたか》いが続《つづ》けられていた。それらのようすを、じっと見《み》つづけていると、なぜか〝ムリアン〟のように妖精《ようせい》の化身《けしん》と思《おも》えてならなかった。

いろんな妖精《ようせい》たちを紹介《しょうかい》しよう❢

ノッカー
——イングランド

鉱夫《こうふ》たちに親切《しんせつ》な鉱山《こうざん》の霊《れい》である。鉱石《こうせき》の豊富《ほうふ》な場所《ばしょ》を、たたいて教《おし》えるので〝ノッカー〟と呼《よ》ばれるようになった。

鉱山《こうざん》で働《はたら》くユダヤ人《じん》の幽霊《ゆうれい》だという説《せつ》もある。よく鉱山《こうざん》でみられる素朴《そぼく》な製錬所《せいれんじょ》は、「ユダヤ人《じん》の家《いえ》」と呼《よ》ばれているが、それは、キリストのはりつけに参加《さんか》したユダヤ人《じん》たちが、罰《ばつ》として、この鉱山《こうざん》で働《はたら》くように送《おく》られてきたからだという。

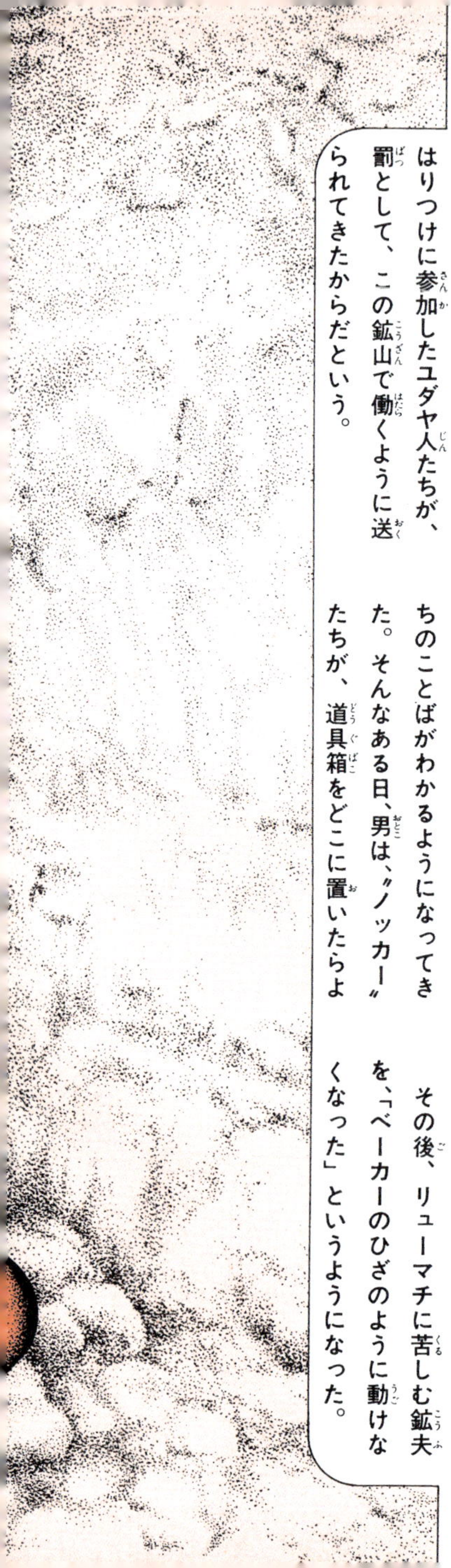

また、〝ノッカー〟は、鉱山《こうざん》ばかりではなく、岩場《いわば》、洞穴《どうけつ》、泉《いずみ》にも住《す》んでいて、そこで鉱山《こうざん》の仕事《しごと》に取《と》りくんでいた。

むかし、いつも仕事《しごと》をなまけて遊《あそ》んでばかりいる大男《おおおとこ》がいた。ある日《ひ》、その男《おとこ》は、〝ノッカー〟をひと目見《めみ》ようと、泉《いずみ》のほうへ出《で》かけていった。そしてシダの葉《は》のかげに隠《かく》れていると、まもなく〝ノッカー〟が現《あら》われた。それからというもの、男《おとこ》は、毎《まい》日《にち》その泉《いずみ》へ行《い》って、〝ノッカー〟たちのようすをのぞき見《み》していた。

そのうちに、男《おとこ》は、〝ノッカー〟たちのことばがわかるようになってきた。そんなある日、男《おとこ》は、〝ノッカー〟たちが、道具箱《どうぐばこ》をどこに置《お》いたらよいかを話《はな》しているのを聞《き》いた。

「おれは、この岩《いわ》の割《わ》れ目《め》に置《お》く」

「おれは、シダの葉《は》の下《した》に置《お》こう」

すると、ある〝ノッカー〟が、

「おれは、ベーカーのひざの上《うえ》に置《お》こう」

と言《い》った。ベーカーというのは、のぞき見《み》をしている男《おとこ》の名《な》まえである。と、とつぜん、男《おとこ》のひざの上《うえ》がズシンと重《おも》くなった。

それからというもの、男《おとこ》は、目《め》には見《み》えない道具箱《どうぐばこ》のせいで、一生足《いっしょうあし》が使《つか》えなくなってしまった、ということだ。

その後《ご》、リューマチに苦《くる》しむ鉱夫《こうふ》を、「ベーカーのひざのように動《うご》けなくなった」というようになった。

いろんな妖精《ようせい》たちを紹介《しょうかい》しよう！

角足《かくあし》のジミー

――マン島《とう》

豚《ぶた》の頭《あたま》と、猪《いのしし》のような二本《ほん》の牙《きば》をもっているが、人間《にんげん》に害《がい》を加《くわ》えることはないようだ。はじめはただの大《おお》豚《ぶた》で、巨人《きょじん》の背《せ》に乗《の》って、陸《りく》や海《うみ》を移動《いどう》したと伝《つた》えられている。

日本《にっぽん》の奄美大島《あまみおおしま》の〝ミンキラウワ〟（耳無豚《みみなしぶた》）とか〝カタキラウワ〟（片耳《かたみみ》豚《ぶた》）といった、暗《くら》い木《き》の下《した》から出《で》るお化《ば》けに似《に》ている。

しかし、この奄美大島《あまみおおしま》のお化《ば》けのほうは、股《また》をくぐられると魂《たましい》を抜《ぬ》かれる、というから恐《おそ》ろしい。

いろんな妖精《ようせい》たちを紹介《しょうかい》しよう❢

タルウス・ティグ

——ウェールズ

自分《じぶん》たちが金髪《きんぱつ》であるとともに、金髪《きんぱつ》の人間《にんげん》を愛《あい》する。そして、金髪《きんぱつ》の人間《にんげん》の子《こ》どもをむやみにほしがる。

〝タルウス・ティグ〟たちは、踊《おど》って、「妖精《ようせい》の輪《わ》」を作《つく》る。住《す》まいは、地面《じめん》か、水《みず》の下《した》で、女《おんな》たちは人間《にんげん》の妻《つま》となって、夫《おっと》といっしょに暮《く》らすこともあるという。

この妖精《ようせい》たちは、好意《こうい》をもった人《ひと》に富《とみ》を与《あた》えるが、その人《ひと》が自分《じぶん》たちのことをほかの人《ひと》に話《はな》したりすると、その贈《おく》りものは、消《き》えてしまう。

好意《こうい》をもった人《ひと》に富《とみ》を与《あた》える霊《れい》ものというのは、私《わたし》は、私《わたし》の体験《たいけん》から、それはあると思《おも》う。それがどんなものかは、なかなかはっきりわからないが、〝福《ふく》の神《かみ》〟の信仰《しんこう》といったものは、そんなところからも発生《はっせい》の原因《げんいん》があると思《おも》う。

この〝タルウス・ティグ〟も、一《いつ》種《しゅ》の〝福《ふく》の神《かみ》〟であろう。

いろんな妖精《ようせい》たちを紹介《しょうかい》しよう
アルプラークル
――アイルランド

人《ひと》には見《み》えないが、人間《にんげん》といっしょに、食《た》べものを食《た》べているという妖精《ようせい》。別名《べつめい》〝ジョイント・イーター〟という。

ある男《おとこ》が、塩《しお》づけの牛肉《ぎゅうにく》を食《た》べたのにもかかわらず、なにも飲《の》まずに、川《かわ》のそばに横《よこ》になっていた。

しばらくすると、のどがかわいた〝アルプラークル〟が、男《おとこ》の口《くち》のなかから出《で》てきた。そして、川《かわ》の水《みず》をおいしそうに、ゴクゴクと飲《の》んだ、などという話《はなし》もある。

日本《にっぽん》の〝餓鬼《がき》〟にすこし似《に》ているが、日本《にっぽん》では、ちょっと見《み》られないものである。

いろんな妖精《ようせい》たちを紹介《しょうかい》しよう❢

トロウ

――イギリス

怪物《かいぶつ》のような姿《すがた》をしており、頭《あたま》がたくさんあるものもいる。また、巨《きょ》大《だい》なものもいれば、人間《にんげん》と同《おな》じくらいの大《おお》きさのものもいる。

灰色《はいいろ》の服《ふく》を着《き》ており、太陽《たいよう》の光《ひかり》を恐《おそ》れる。とくに巨大《きょだい》な〝トロウ〟は、太陽《たいよう》の光《ひかり》を浴《あ》びると石《いし》になってしまうという。

日《ひ》の出《で》のときに地上《ちじょう》にいる〝トロウ〟は、地《ち》にしばられて、日没《にちぼつ》まで地下《ちか》のすみかに戻《もど》ることができないという。すみかは、ふつう、緑《みどり》の塚《つか》や、日《ひ》あたりのよい丘《おか》の斜面《しゃめん》の地下《ちか》にある。

〝トロウ〟たちは音楽《おんがく》が好《す》きで、よく琴《こと》を弾《ひ》く。そのメロディは荒々《あらあら》しいが、ほのかに甘《あま》く、そのリズムはアイルランド調《ちょう》である。

男《おとこ》の〝トロウ〟は、人間《にんげん》の女《おんな》を妻《つま》にしたがるが、子《こ》どもが生《う》まれると母親《ははおや》は死《し》んでしまう。そして〝トロウ〟は、二度《ど》と結婚《けっこん》することはないという。

中国《ちゅうごく》には、幽霊《ゆうれい》が人間《にんげん》の妻《つま》になったりする話《はなし》がたくさんあるというから、〝トロウ〟は、幽霊《ゆうれい》に近《ちか》いものなのかもしれない。

トロウたちの音楽《おんがく》には
どこか不思議《ふしぎ》な魅力《みりょく》が
あるのよ

オッホッホ
なんだか楽《たの》しく
なっちゃうよ

いろんな妖精《ようせい》たちを紹介《しょうかい》しよう❢
赤《あか》帽《ほう》子《し》
——イギリス

こわれた塔《とう》や城《しろ》に住《す》み、そこで、赤《あか》い帽子《ぼうし》を人間《にんげん》の血《ち》で染《そ》めなおすことを楽《たの》しみにしている、といわれている。

背《せ》の低《ひく》い、ずんぐりした男《おとこ》で、とがった歯《は》をしている。大《おお》きな目《め》は火《ひ》のように赤《あか》く、髪《かみ》は背中《せなか》まで垂《た》れさがっているという。

また、いつも赤《あか》い帽子《ぼうし》をかぶっているところから、この名《な》まえがついたようだ。

性格《せいかく》は、かなり邪悪《じゃあく》で、人間《にんげん》の力《ちから》ではとうていたち打《う》ちできないが、聖書《せいしょ》や十字《じゅうじ》の印《しるし》を向《む》けると、陰気《いんき》なわめき声《ごえ》をあげて、消《き》えるという。

〝吸血鬼《きゅうけつき》ドラキュラ〟が、聖書《せいしょ》や十《じゅう》字架《じか》を見《み》せられて、うめき声《ごえ》をあげて逃《に》げていくシーンをよく見《み》かけるが、この〝赤帽子《あかぼうし》〟も、吸血鬼《きゅうけつき》の一《いっ》種《しゅ》なのかもしれない。

とにかく恐《おそ》ろしい妖精《ようせい》である。

いろんな妖精《ようせい》たちを紹介《しょうかい》しよう

メルヒ・ディック

——イングランド

子《こ》どもたちから、未熟《みじゅく》なくだものを守《まも》る木《き》の悪魔《あくま》。地方《ちほう》によっては、"チャーンミルク・ペッグ"という女《おんな》の霊《れい》が、この仕事《しごと》をしている。果樹園《かじゅえん》のくだものを守《まも》るということは、むかしから、とても重要《じゅうよう》な仕《し》事《ごと》なのだ。

日本《にっぽん》でも、柿《かき》の実《み》を取《と》ったりするのは、子《こ》どものしわざであるが、それはどこでも同《おな》じようだ。

くだものの神《かみ》さまみたいだね

私《わたし》はまっ赤《か》なりんごが大好《だいす》きなの

きみもよその家《いえ》の柿《かき》をとっちゃダメだよ

カッカッカ
ああ、楽《たの》しいなぁ

いろんな妖精《ようせい》たちを紹介《しょうかい》しよう❢

フィノデリー

——マン島《とう》

毛《け》むくじゃらでみにくい巨人《きょじん》で、たいへんな力持《ちからも》ちである。

ある日《ひ》、〃フィノデリー〃は、ひとりの鍛冶屋《かじや》に出会《であ》った。そして握手《あくしゅ》をしようと手《て》を出《だ》したが、用心深《ようじんぶか》い鍛冶屋《かじや》は、持《も》っていた鋤《すき》の頭《あたま》の部分《ぶぶん》を差《さ》し出《だ》した。すると〃フィノデリー〃は、それをほとんど形《かたち》のないほどにねじ曲《ま》げて、

「まだまだ強《つよ》いやつがいるんだぞ」

と、満足《まんぞく》そうに言《い》ったという。

また、こんな話《はなし》もある。あるとき、〃フィノデリー〃は、ある農夫《のうふ》の草《くさ》刈《か》りを手伝《てつだ》った。しかし、刈《か》りかたがへただと文句《もんく》を言《い》われ、怒《おこ》った〃フィノデリー〃は、農夫《のうふ》の足《あし》がもつれてころぶように、草《くさ》の根《ね》っこを全部《ぜんぶ》掘《ほ》り返《かえ》してしまった、ということだ。

いろんな妖精《ようせい》たちを紹介《しょうかい》しよう!

ピアレイ

――スコットランド

川《かわ》とか湖《みずうみ》、あるいは海《うみ》に出没《しゅつぼつ》する悪霊《あくりょう》である。地方《ちほう》によっては、〝ピアレイ〟は悪魔《あくま》の意味《いみ》だという。

水《みず》というのは、見《み》ているぶんには美《うつく》しいが、よく子《こ》どもがおぼれ死《し》んだりする。水《みず》が悪霊《あくりょう》に見《み》えるのは、そういう一面《いちめん》からであろう。

日本《にっぽん》には〝ぬれ女《おんな》〟や〝磯姫《いそひめ》〟、〝くびれ鬼《おに》〟といった妖怪《ようかい》がいるが、これらも悪霊《あくりょう》のようなものだ。

いろんな妖精《ようせい》たちを紹介《しょうかい》しよう！

フォモーリアン

——アイルランド

悪魔《あくま》の種族《しゅぞく》で、アイルランドへの侵入者《しんにゅうしゃ》は、すべて、この〝フォモーリアン〟と戦《たたか》わなければならなかったという。つまり、移住者《いじゅうしゃ》の成功《せいこう》を妨害《ぼうがい》したのだろう。

ニムド族《ぞく》の人々《ひとびと》は〝フォモーリアン〟の奴隷《どれい》にされて、毎年《まいとし》十一月《がつ》、年貢《ねんぐ》として、子《こ》どもの三分《ぶん》の二と、家畜《かちく》の三分《ぶん》の二を納《おさ》めなければならなかったので、あるとき、激《はげ》しい戦《たたか》いをしかけて、ついに〝フォモーリアン〟を征服《せいふく》した。しかし、自分《じぶん》たちもたくさんの人々《ひとびと》を失《うしな》い、悲惨《ひさん》な姿《すがた》で国《くに》を去《さ》ったと伝《つた》えられている。

〝フォモーリアン〟は、アイルランドの先住民族《せんじゅうみんぞく》だったのかもしれない。日本《にっぽん》でも、太古《たいこ》の日本列島《にっぽんれっとう》の住人《じゅうにん》は穴《あな》に住《す》んでいたらしいが、大陸《たいりく》のほうから来《き》た人《ひと》たちには、土《つち》ぐもに見《み》えたという。

このように、〝フォモーリアン〟は、生活習慣《せいかつしゅうかん》のちがいから生《う》まれたものかもしれない。

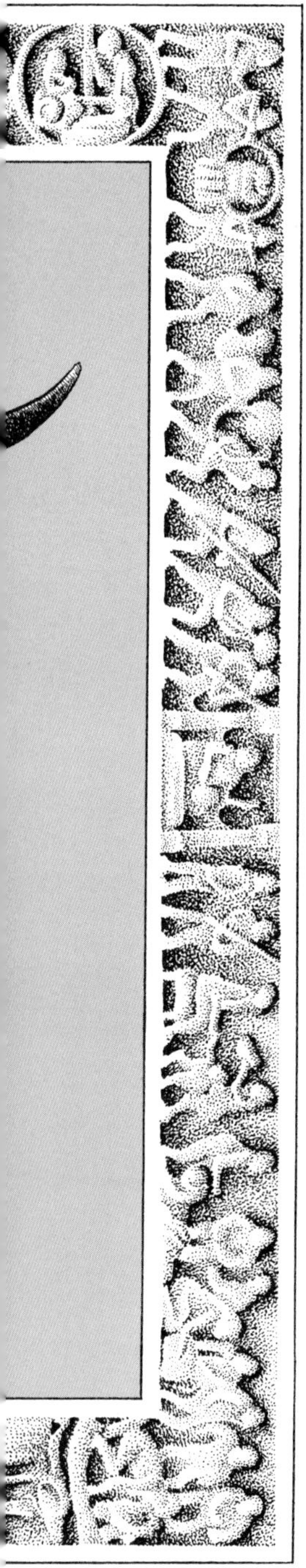

すごい角《つの》を
もってるんだなあ

きっとあの角《つの》も
武器《ぶき》なのよ

いろんな妖精《ようせい》たちを紹介《しょうかい》しよう！

ハイター・スプライト

——イングランド

〝ハイター・スプライト〟は、ショウドウツバメのような形《かたち》をしていて、からだは砂色《すないろ》、目《め》は緑色《みどりいろ》をしている。人間《にんげん》の親切《しんせつ》をとても喜《よろこ》び、わるいことにはきびしい批判《ひはん》を加《くわ》える。なにか天使《てんし》に近《ちか》い妖精《ようせい》のようだ。日本《にっぽん》には、わるいことをするときびしく叱《しか》ってくれるといった妖怪《ようかい》は、あまり見《み》かけない。

妖怪《ようかい》とも神《かみ》ともつかない、中間《ちゅうかん》の〝妖怪神《ようかいしん》〟と呼《よ》ばれるもののなかには、タブーを犯《おか》すと、たたったり、病気《びょうき》にしたり、不運《ふうん》を与《あた》えるといったものがいる。

〝ハイター・スプライト〟は、日本《にっぽん》流《りゅう》にいうと、妖怪《ようかい》というよりも、〝土《ど》俗神《ぞくしん》〟とか〝妖怪神《ようかいしん》〟といったたぐいのものであろう。

よいこととわるいことを、きちんと教《おし》えてくれる、ありがたい妖精《ようせい》である。

いろんな妖精《ようせい》たちを紹介《しょうかい》しよう！

シェリーコート

——スコットランド

新鮮《しんせん》な水《みず》の流《なが》れているところに出没《しゅつぼつ》する。からだにつけた貝《かい》を、ガラガラと鳴《な》らしながら動《うご》く。人間《にんげん》を道《みち》に迷《まよ》わせたりするが、危険《きけん》な害《がい》は加《くわ》えないという。

ある晩《ばん》、ふたりの男《おとこ》が、川《かわ》のそばを歩《ある》いていた。すると、

「迷《まよ》え、迷《まよ》え～」

という恐《おそ》ろしい声《こえ》が聞《き》こえてきた。ふたりは必死《ひっし》になって逃《に》げまわったが、ふと気《き》がついてみると、川《かわ》の源《みなもと》に立《た》っているのだった。

ふたりがぼう然《ぜん》と立《た》ちすくんでいると、川《かわ》の源《みなもと》から〝シェリーコート〟がとび出《だ》して、大声《おおごえ》で笑《わら》いながら丘《おか》のむこうへはねていった。〝河童《かっぱ》〟のような妖怪《ようかい》である。

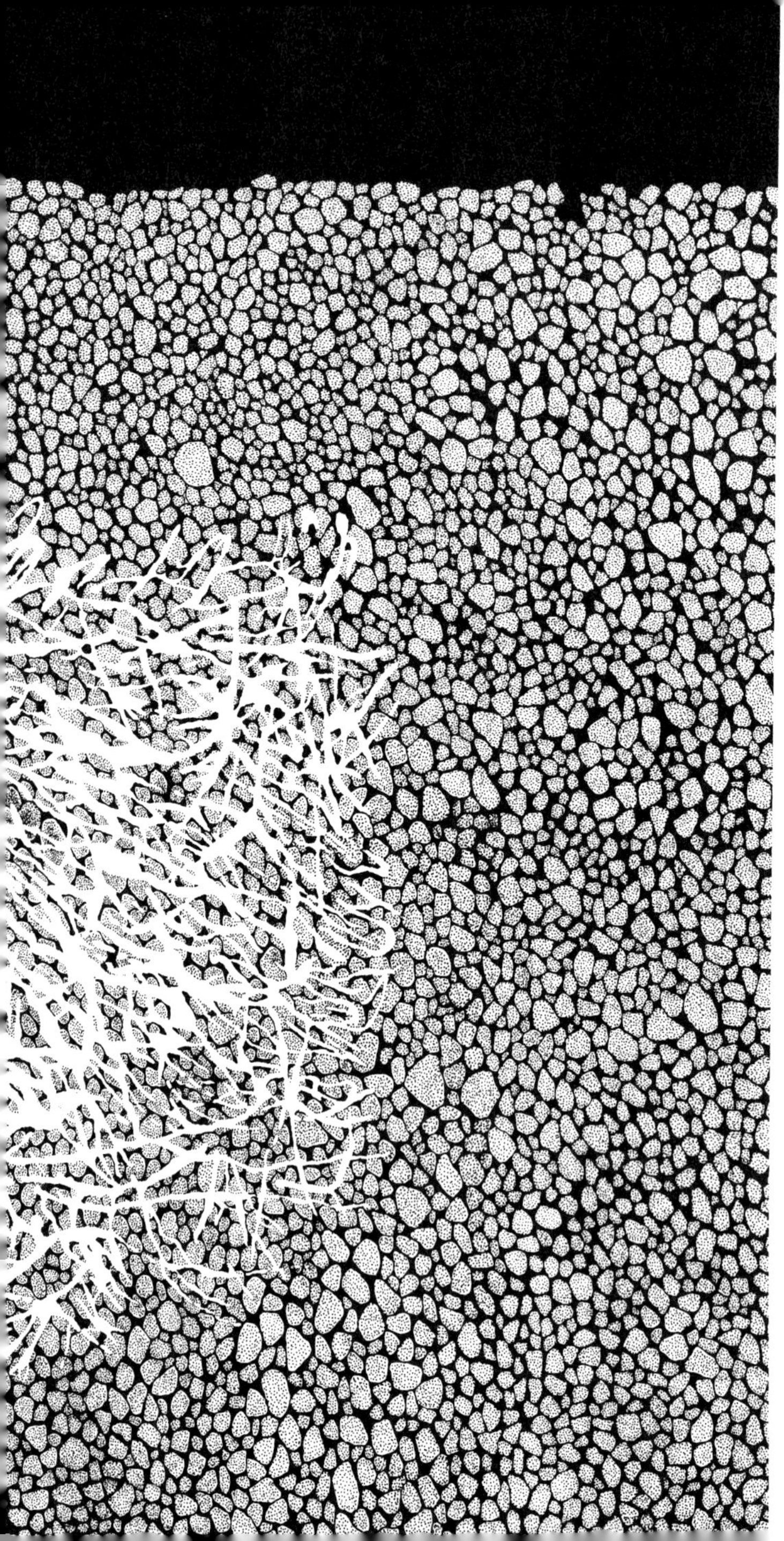

いろんな妖精《ようせい》たちを紹介《しょうかい》しよう！

フリッド

——スコットランド

高地《こうち》の岩《いわ》の下《した》とか、岩《いわ》のなかに住《す》んでいる超自然《ちょうしぜん》の生《い》きもので、ミルクや、地面《じめん》に落《お》ちているパンくずをむさぼり食《く》う。丘《おか》にミルクをまくイギリスの習慣《しゅうかん》は、この〝フリッド〟のために始《はじ》まったのかもしれない。

地下《ちか》の洞穴《どうけつ》のなかで迷子《まいご》になり、二度《ど》と地上《ちじょう》に戻《もど》れなくなったある笛《ふえ》吹《ふ》きが〝フリッド〟ではないか、という人《ひと》もいる。日本《にっぽん》には見《み》られない、モグラのような妖精《ようせい》である。

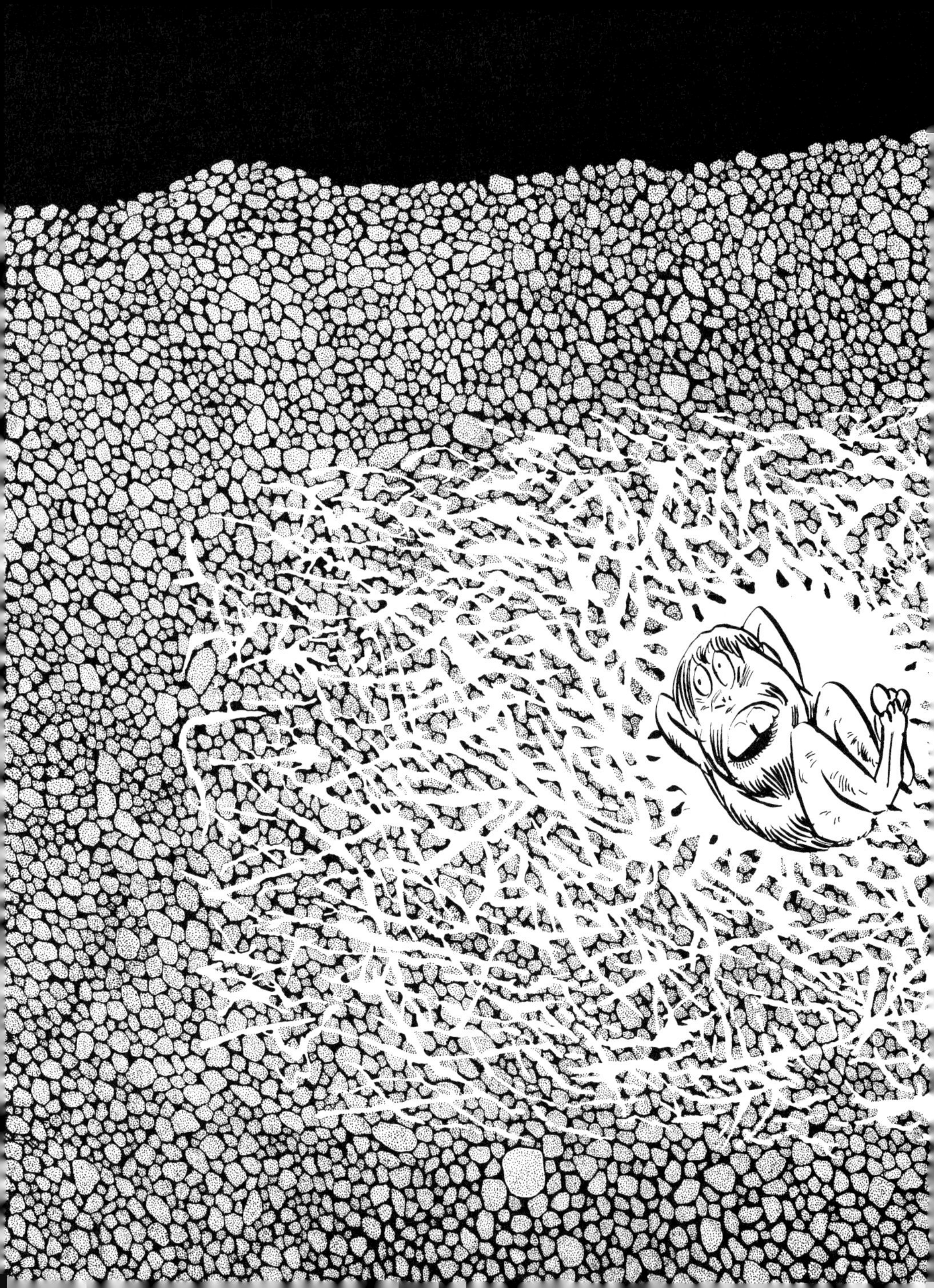

いろんな妖精《ようせい》たちを紹介《しょうかい》しよう!?

ナックラビー

——スコットランド

タマスという老人《ろうじん》が、ある明《あか》るい星《ほし》の夜《よる》、一方《いっぽう》が清《きよ》らかな水《みず》をたたえた湖《みずうみ》、もう一方《いっぽう》が海《うみ》のあいだにある狭《せま》い道《みち》を歩《ある》いていた。すると、なにか妖怪《ようかい》のようなものが、前方《ぜんぽう》から自分《じぶん》に向《む》かって近《ちか》づいてくるようだった。右《みぎ》へも左《ひだり》へも逃《に》げられない。かといって、その正体《しょうたい》もまだわからないのに、逃《に》げだすのも弱気《よわき》すぎるので、手《て》に力《ちから》をこめて、堂々《どうどう》と歩《ある》いていった。近《ちか》づいてみると、それは、"ナックラビー"だった。

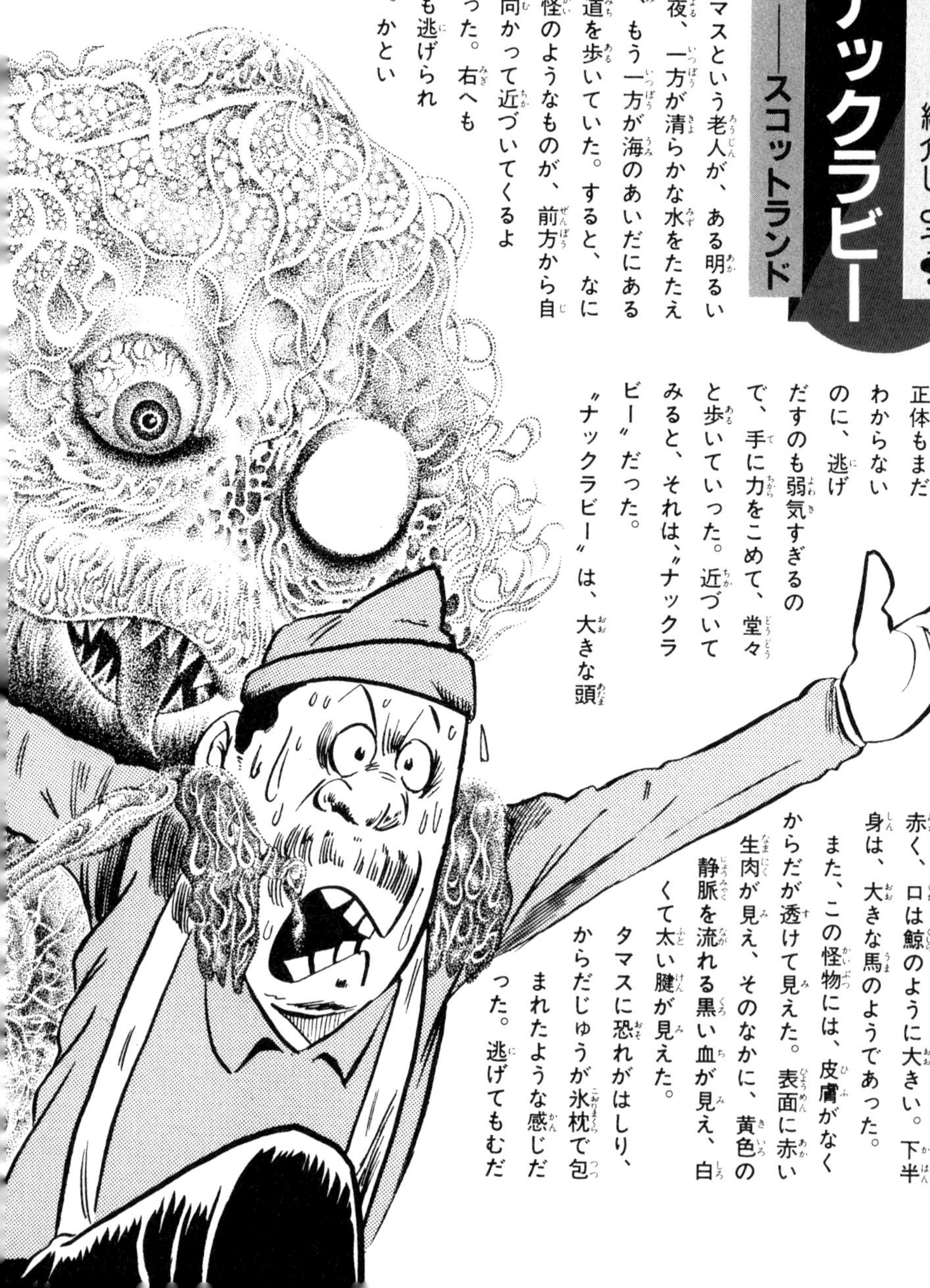

"ナックラビー"は、大《おお》きな頭《あたま》をしていて、目《め》は一つで火《ひ》のように赤《あか》く、口《くち》は鯨《くじら》のように大《おお》きい。下半身《かはんしん》は、大《おお》きな馬《うま》のようであった。

また、この怪物《かいぶつ》には、皮膚《ひふ》がなくからだが透《す》けて見《み》えた。表面《ひょうめん》に赤《あか》い生肉《なまにく》が見《み》え、そのなかに、黄色《きいろ》の静脈《じょうみゃく》を流《なが》れる黒《くろ》い血《ち》が見《み》え、白《しろ》くて太《ふと》い腱《けん》が見《み》えた。

タマスに恐《おそ》れがはしり、からだじゅうが氷枕《こおりまくら》で包《つつ》まれたような感《かん》じだった。逃《に》げてもむだ

だと思《おも》った。どうせ死《し》ぬなら、やられるよりやってやろうと思《おも》った。このときタマスは、〝ナックラビー〟が、清《きよ》らかな水《みず》に弱《よわ》いということを思《おも》い出《だ》し、それで、湖《みずうみ》の側《がわ》に立《た》った。

怪物《かいぶつ》が、タマスのそばにやってきた。タマスは、怪物《かいぶつ》の熱《あつ》い息《いき》を、火《ひ》のように顔《かお》に感《かん》じた。とつぜん、長《なが》い腕《うで》が、自分《じぶん》をつかまえようとしてのびてきた。タマスは、できるだけ湖《みずうみ》に近《ちか》づいた。片方《かたほう》の足《あし》が湖《みずうみ》に入《はい》って、水《みず》が怪物《かいぶつ》の足《あし》もとにとんだ。怪《かい》物《ぶつ》は、雷《かみなり》のように叫《さけ》び、道《みち》の向《む》こう側《がわ》へとびはねた。

いまだ！　タマスは、全速力《ぜんそくりょく》で逃《に》げだした。〝ナックラビー〟は追《お》いかけてきた。まるで荒《あ》れ狂《くる》う海《うみ》のような音《おと》をたてていた。行《ゆ》く手《て》には、小川《おがわ》があった。湖《みずうみ》から海《うみ》へそそぐ小《ちい》さな川《かわ》だ。タマスは、この川《かわ》を渡《わた》ることができれば、逃《に》げられると思《おも》った。

小川《おがわ》の土手《どて》にたどり着《つ》いたとき、怪物《かいぶつ》の長《なが》い腕《うで》がタマスに向《む》かってのびてきた。タマスは、もうだめだと思《おも》いながら、目《め》のまえの小川《おがわ》にとびこんだ。怪物《かいぶつ》は、タマスの帽子《ぼうし》をつかんだだけだった。

怪物《かいぶつ》は、怒《いか》りの声《こえ》をあげた。タマスは、けんめいに泳《およ》ぎ、岸《きし》にたどり着《つ》いたとき、安心《あんしん》して気《き》を失《うしな》ってしまった。

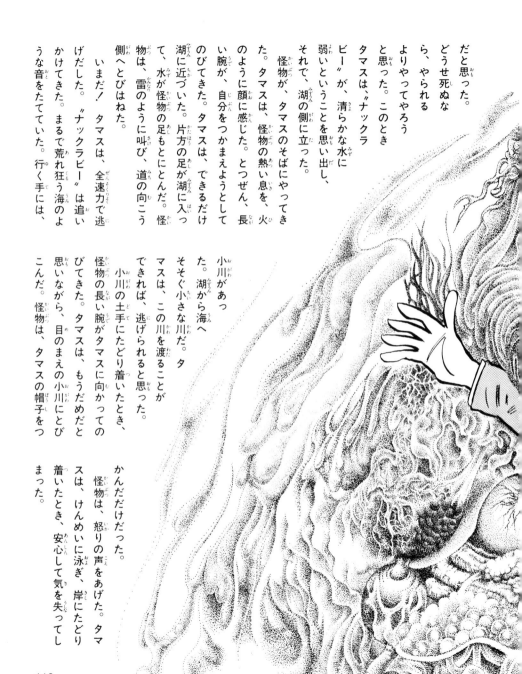

いろんな妖精《ようせい》たちを紹介《しょうかい》しよう❢

白《しろ》婦《ふ》人《じん》

イギリス

〝白婦人《しろふじん》〟は、妖精《ようせい》とも幽霊《ゆうれい》とも考《かんが》えられているが、それは、妖精《ようせい》と死《し》者《しゃ》とが密接《みっせつ》に結《むす》びついているからであろう。

〝白婦人《しろふじん》〟の起源《きげん》としては〝白《しろ》いファントム〟が考《かんが》えられる。〝白《しろ》いファントム〟は、七年《ねん》ごとに人間《にんげん》の命《いのち》を要求《ようきゅう》するという〝ビアン・フィオン〟と同《おな》じものだ。

ファントムとは
幻《まぼろし》とか幽霊《ゆうれい》のことよ

パッパパ～
ずいぶん休《やす》んだな

いろんな妖精《ようせい》たちを紹介《しょうかい》しよう！

ウルバー

――スコットランド

〝ウルバー〟は、頭《あたま》は狼《おおかみ》であるが、そのほかは、人間《にんげん》の姿《すがた》をしており、全身《ぜんしん》が短《みじか》い茶色《ちゃいろ》の毛《け》でおおわれている。

丘《おか》の急斜面《きゅうしゃめん》に掘《ほ》られた洞穴《どうけつ》に住《す》んでおり、つりが大好《だいす》きで、ときどき、つった魚《さかな》を貧《まず》しい家《いえ》の窓辺《まどべ》に置《お》いておくという。

現在《げんざい》も「ウルバーの石《いし》」という小《ちい》さな石《いし》が残《のこ》っている。

いろんな妖精《ようせい》たちを紹介《しょうかい》しよう！

グルアガッホ

——スコットランド

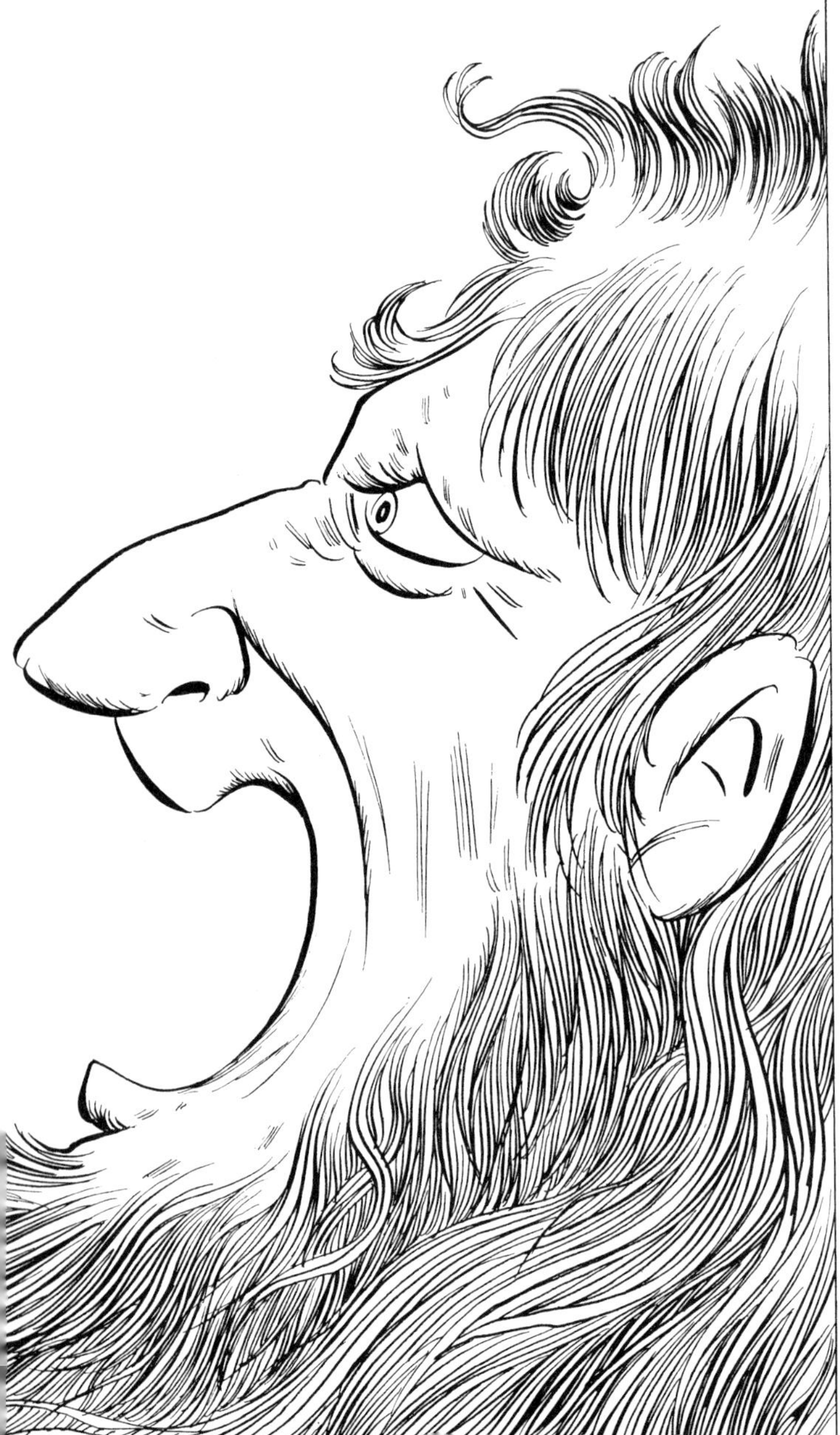

緑《みどり》の服《ふく》を着《き》た、長《なが》い金髪《きんぱつ》の女《おんな》の妖《よう》精《せい》で、美《うつく》しく見《み》えるときもあるが、青白《あおじろ》くやつれて見《み》えるときもある。農場《のうじょう》の家畜《かちく》の見《み》はり番《ばん》をしているという。

また、男《おとこ》の〝グルアガッホ〟もいる。緑《みどり》と赤《あか》の服《ふく》を着《き》た、ハンサムな若者《わかもの》であるが、裸《はだか》になると毛《け》むくじゃらである。やはり、農場《のうじょう》の手伝《てつだ》いをするという。

男《おとこ》の〝グルアガッホ〟も女《おんな》の〝グルアガッホ〟も、手伝《てつだ》いのあとにはお礼《れい》にミルクをもらう。

日本《にっぽん》の場合《ばあい》、妖怪《ようかい》が人間《にんげん》からものをもらうという話《はなし》はあまりない。

いろんな妖精《ようせい》たちを紹介《しょうかい》しよう!

あざらし人間《にんげん》

――イギリス

あざらしの皮《かわ》を着《き》て海《うみ》のなかを泳《およ》ぎまわるが、その皮《かわ》を脱《ぬ》ぐと人間《にんげん》の姿《すがた》をしている。それが〝あざらし人《にん》間《げん》〟だ。

ある日《ひ》、あざらしをとる漁師《りょうし》が、大《おお》きなあざらしを殺《ころ》そうとして、ナイフを投《な》げた。すると、その大《おお》きなあざらしは、背中《せなか》にナイフを刺《さ》したまま、海《うみ》のなかへ沈《しず》んでいってしまった。

その夜《よ》、漁師《りょうし》は、家《いえ》の扉《とびら》をたたく音《おと》がするので、その扉《とびら》をあけた。すると、りっぱな馬《うま》を引《ひ》き連《つ》れた、見《み》知《し》らぬ男《おとこ》が立《た》っていた。そして、あざらしの皮《かわ》を注文《ちゅうもん》したい人《ひと》がたくさんいるのでいっしょに来《き》てほしい、と漁師《りょうし》にたのんだ。

ふたりは、馬《うま》に乗《の》って、人里《ひとざと》離《はな》れた海辺《うみべ》を通《とお》り、やがて、海《うみ》がま下《した》に見《み》える断崖《だんがい》のところに着《つ》いた。男《おとこ》は、

「おりろ!」

と言《い》って、漁師《りょうし》の腕《うで》をつかまえると、崖《がけ》からとびおりた。そして、ふたりは、海《うみ》のなかへと沈《しず》んでいった。

やがて、ふたりは、ある洞穴《どうけつ》に着《つ》いた。そこには、〝あざらし人間《にんげん》〟がたくさんいて、みな、人間《にんげん》と同《おな》じことばを話《はな》し、人間《にんげん》と同《おな》じようにふるまっていた。漁師《りょうし》はこわくなった。というのも、漁師《りょうし》は、この〝あざらし人間《にんげん》〟を、たくさん殺《ころ》していたからだ。

漁師《りょうし》を連《つ》れてきた男《おとこ》が、ナイフを持《も》ってきて、

「このナイフを覚《おぼ》えてますか? あなたは、このナイフで、私《わたし》の父《ちち》を刺《さ》したのですよ」

と言《い》った。そして、漁師《りょうし》を、洞穴《どうけつ》の

奥《おく》へ連《つ》れていった。

そこには、あの大《おお》きなあざらしが、苦《くる》しそうにうめき声《こえ》をあげながら、横《よこ》たわっていた。男《おとこ》は、

「この傷《きず》は、あなたでなければ、治《なお》すことができないのです」

と言《い》って、漁師《りょうし》に、治《なお》す方法《ほうほう》を教《おし》えた。それは、あのナイフで、傷《きず》口《ぐち》のまわりに輪《わ》をえがき、それから、心《こころ》から治《なお》るように祈《いの》りながら手《て》で傷口《きずぐち》をなでる、という方法《ほうほう》だった。

漁師《りょうし》が教《おし》えられたとおりにやると、大《おお》あざらしは、まもなく元気《げんき》になった。そして、

「これから、二度《ど》とあざらしを殺《ころ》さない、と約束《やくそく》するならば、家《いえ》に帰《かえ》ってもよい」

と言《い》った。漁師《りょうし》は、固《かた》く約束《やくそく》した。

さっきの男《おとこ》が、漁師《りょうし》を家《いえ》まで送《おく》ってくれた。そして、帰《かえ》るときに、たくさんのあざらしの皮《かわ》の値段《ねだん》と同《おな》じくらいの金《きん》を置《お》いていった。

いろんな妖精《ようせい》たちを紹介《しょうかい》しよう!

オグレ

——イギリス

姿《すがた》も気質《きしつ》も怪物的《かいぶつてき》な、人《ひと》を食《く》う巨人《きょじん》で、人間《にんげん》の肉《にく》を食《た》べて大《おお》きくなる。ただ、静《しず》かに本《ほん》を読《よ》むのが好《す》きなようだ。

もともとは、人間《にんげん》と同《おな》じ大《おお》きさの種族《しゅぞく》であったせいか、〝オグレ〟の子《こ》どもは、人間《にんげん》と同《おな》じ大《おお》きさだという。人《ひと》を食《た》べるというと日本《にっぽん》では〝鬼《おに》〟のたぐいである。〝大江山《おおえやま》の鬼《おに》〟などは、人間《にんげん》より少《すこ》し大《おお》きい程度《ていど》だが、香川県《かがわけん》の〝手洗《てあら》い鬼《おに》〟などは、谷《たに》から谷《たに》に足《あし》をかけて手《て》を洗《あら》うというから、ものすごく大《おお》きい。

〝オグレ〟は、そういったものの仲間《なかま》であろう。

水木しげる
妖精大百科

（株）小学館クリエイティブ

＊本書は『妖精なんでも入門』（1984年、小学館刊）を改題の上、復刻した新装版となります。

※本書には、現代の常識からすると一般的でない表現が含まれている場合がございますが、発売当時の表現を尊重いたしました。

いろんな妖精《ようせい》たちを紹介《しょうかい》しよう❣

クルラカーン

——アイルランド

赤《あか》いナイトキャップに赤《あか》いコート、皮《かわ》のエプロンに金具《かなぐ》のついたハイヒール、というかっこうをしている。酒蔵《さかぐら》のなかで、召使《めしつか》いがワインを盗《ぬす》んだりしないように見《み》はっている。家《いえ》の主人《しゅじん》が引《ひ》っ越《こ》しをしようとすると、樽《たる》のなかに入《はい》りこんで、いっしょに移動《いどう》するという。酒蔵《さかぐら》の主《ぬし》のようなものであろう。

むかし、日本《にっぽん》にも、便所《べんじょ》には〝便《べん》所《じょ》の神《かみ》〟、井戸《いど》には〝井戸《いど》の神《かみ》〟、倉《くら》には〝倉《くら》の神《かみ》〟がいて、正月《しょうがつ》にはしめ縄《なわ》などをして、敬意《けいい》を表《ひょう》した。

ぼくらが子《こ》どものときには、帽子《ぼうし》をかぶったまま便所《べんじょ》に入《はい》ると、〝便所《べんじょ》の神《かみ》〟に失礼《しつれい》だと叱《しか》られたものだった。

この〝クルラカーン〟は、日本《にっぽん》の〝倉《くら》ぼっこ〟とか〝納戸《なんど》ばばあ〟などと似《に》たものであろう。

いろんな妖精《ようせい》たちを紹介《しょうかい》しよう

ポーチュン

――イギリス

〝ポーチュン〟は、農場《のうじょう》で働《はたら》くのを好《この》み、夜《よる》、戸《と》が閉《し》められると、自分《じぶん》たちで火《ひ》をおこし、胸《むね》から蛙《かえる》を取《と》り出《だ》して、火《ひ》にあぶって食《た》べる。しわだらけの顔《かお》で、つぎあてのコートを着《き》た、とても年《とし》とった男《おとこ》だ。

みんな、とてもいいやつで、家《いえ》に運《はこ》び入《い》れるものとか、骨《ほね》の折《お》れる仕《し》事《ごと》があると、それをやってくれる。

ただ、だれかが、夜《よる》、ひとり馬《うま》に乗《の》っていると〝ポーチュン〟が、その馬《うま》の※鞍《ゆぎ》を取《と》ろうとする。取《と》った鞍《ゆぎ》は、沼《ぬま》に投《な》げ捨《す》てて、大声《おおごえ》で笑《わら》う。

日本《にっぽん》でいうと、〝河童《かっぱ》〟に似《に》た人《ひと》たちということになろうか。

※鞍《ゆぎ》＝矢《や》を入《い》れるための道具《どうぐ》。長方形《ちょうほうけい》の筒《つつ》のような形《かたち》をしている。

いろんな妖精《ようせい》たちを紹介《しょうかい》しよう❢

ルナンティシー

――イギリス

これは、黒《くろ》イバラのやぶを守《まも》る一《いち》族《ぞく》で、五月《がつ》十一日《にち》、あるいは十一月《がつ》十一日《にち》には、黒《くろ》イバラの木《き》を一本《ぽん》も切《き》らせない。もし、その日《ひ》に黒《くろ》イバラを切《き》ると、不運《ふうん》が襲《おそ》いかかるといわれている。黒《くろ》イバラも、妖精《ようせい》の木《き》なのだ。

日本《にっぽん》の〝木霊《こだま》〟も、木《き》の霊《れい》で、木《き》を守《まも》っている。

木《き》の霊《れい》を感《かん》じ、〝木霊《こだま》〟を信《しん》じた人々《ひとびと》によって木《き》が守《まも》られたように、〝ルナンティシー〟の存在《そんざい》を信《しん》じる者《もの》によって、黒《くろ》イバラは守《まも》られてきたのではないだろうか。

むやみやたらに木《き》を切《き》ったりするのは、おかしい。むかしから日本《にっぽん》でも、大木《たいぼく》には、しめ縄《なわ》をはったりして、敬意《けいい》を表《ひょう》したものだ。

日本《にっぽん》には、木《き》の妖怪《ようかい》として、〝さか柱《ばしら》〟〝万年竹《まんねんだけ》〟〝松《まつ》の精《せい》〟〝柳《やなぎ》の精《せい》〟といったものがある。

ふうん
木《き》や草花《くさばな》を大切《たいせつ》にしな
くちゃいけないね

いろんな妖精《ようせい》たちを紹介《しょうかい》しよう！

ペッグ・ポウラー

――イングランド

水《みず》の悪魔《あくま》とか、わるい女神《めがみ》とかいわれている。緑《みどり》の巻《ま》き毛《げ》をしており、水中《すいちゅう》の隠《かく》れ家《が》に人《ひと》を導《みちび》き、むさぼり食《く》う。

川《かわ》に浮《う》かんでいる大《おお》きなあわのかたまりは、「〝ペッグ・ポウラー〟の石《せっ》けん水《すい》」、スポンジのようなとても小《ちい》さなあわは「〝ペッグ・ポウラー〟のクリーム」といわれている。

日本《にっぽん》でいうと〝水虎《すいこ》〟とか、〝がんぎ小僧《こぞう》〟のようなものであろうか。

いろんな妖精《ようせい》たちを紹介《しょうかい》しよう！

イスクルジッキ

——ポーランド

ある貴《き》族《ぞく》のところへ、見《み》知《し》らぬ男《おとこ》がやってきた。

「私《わたし》の名《な》まえは、〝イスクルジッキ〟と申《もう》します。ぜひ、あなたにお仕《つか》えしたいのですが、許《ゆる》していただけますか？」

貴《き》族《ぞく》は申《もう》し出《で》を受《う》け入《い》れ、〝イスクルジッキ〟を雇《やと》う約《やく》束《そく》をした。しかし、そのあとで、貴《き》族《ぞく》は、〝イスクルジッキ〟の足《あし》が、馬《うま》のひづめのようになっているのに気《き》づき、約《やく》束《そく》は無《む》効《こう》だと言《い》いだした。しかし、イスクルジッキも譲《ゆず》らず、けっきょく、そこに住《す》むことになった。彼《かれ》は暖《だん》炉《ろ》のなかに、人《ひと》には見《み》えない部《へ》屋《や》を作《つく》り、そこで、すべての仕《し》事《ごと》と生《せい》活《かつ》をしていた。

〝イスクルジッキ〟の姿《すがた》や行《こう》動《どう》を、はじめは気《き》味《み》わるく思《おも》っていた人々《ひとびと》も、しだいに慣《な》れて気《き》にしなくなったが、貴《き》族《ぞく》の妻《つま》だけは、どうしてもがまんできなかった。彼《かの》女《じょ》は夫《おっと》を説《と》きふせ、ついに引《ひ》っ越《こ》しを決《けつ》意《い》させた。

ある日《ひ》、一《いっ》家《か》は、貴《き》族《ぞく》の別《べつ》の領《りょう》地《ち》へ引《ひ》っ越《こ》すために、馬《ば》車《しゃ》に乗《の》りこんだ。馬《ば》車《しゃ》は長《なが》い道《みち》のりを、トコトコと進《すす》んだ。そして、その半《はん》分《ぶん》くらいの距《きょ》離《り》を走《はし》ったとき、ひどいでこぼこ道《みち》に出《で》くわした。そこで、馬《ば》車《しゃ》はとつぜん車《しゃ》輪《りん》を奪《うば》われ、あやうく、引《ひ》っくり返《かえ》りそうになった。

「キャーッ」

妻《つま》は、思《おも》わず叫《さけ》んでしまった。すると、どこからか、声《こえ》が流《なが》れてきた。

「こわがらなくとも、〝イスクルジッキ〟めがここにおります。ご安《あん》心《しん》ください。」

この声《こえ》を聞《き》いた一《いっ》家《か》は、〝イスクルジッキ〟からは逃《に》げられないのだ、と考《かん》え、城《しろ》に戻《もど》った。

その後《ご》、彼《かれ》らは、〝イスクルジッキ〟と仲《なか》よく暮《く》らした。

ケッケッケ
ぼくの親《しん》せきみたいだな
顔《かお》はぼくより劣《おと》るけど…

いろんな妖精《ようせい》たちを紹介《しょうかい》しよう！

スプリガン

——イギリス

もっとも冷酷《れいこく》でみにくい霊《れい》の仲間《なかま》である。古《ふる》い塚《つか》や廃墟《はいきょ》、巨人《きょじん》の城《しろ》など、宝物《たからもの》が埋《う》めてある場所《ばしょ》にだけ住《す》んでいる。

子《こ》どもを盗《ぬす》み、かわりに自分《じぶん》のみにくい子《こ》どもを置《お》いていったり、天《てん》気《き》をわるくして、収穫物《しゅうかくぶつ》を枯《か》らしてしまったり、畑《はたけ》につむじ風《かぜ》を起《お》こし、穀物《こくもつ》をだめにしてしまったりする。

また、〝スプリガン〟の出没《しゅつぼつ》する場《ば》所《しょ》を荒《あ》らすような人々《ひとびと》には、罰《ばつ》を与《あた》えるという。

〝スプリガン〟は、年《とし》とった巨人《きょじん》の幽霊《ゆうれい》で、ふつうはとても小《ちい》さいが、巨人《きょじん》のように大《おお》きくなることもできる、という説《せつ》もある。

いろんな妖精《ようせい》たちを紹介《しょうかい》しよう♥

モーア・サ・ドゥー

——マン島《とう》

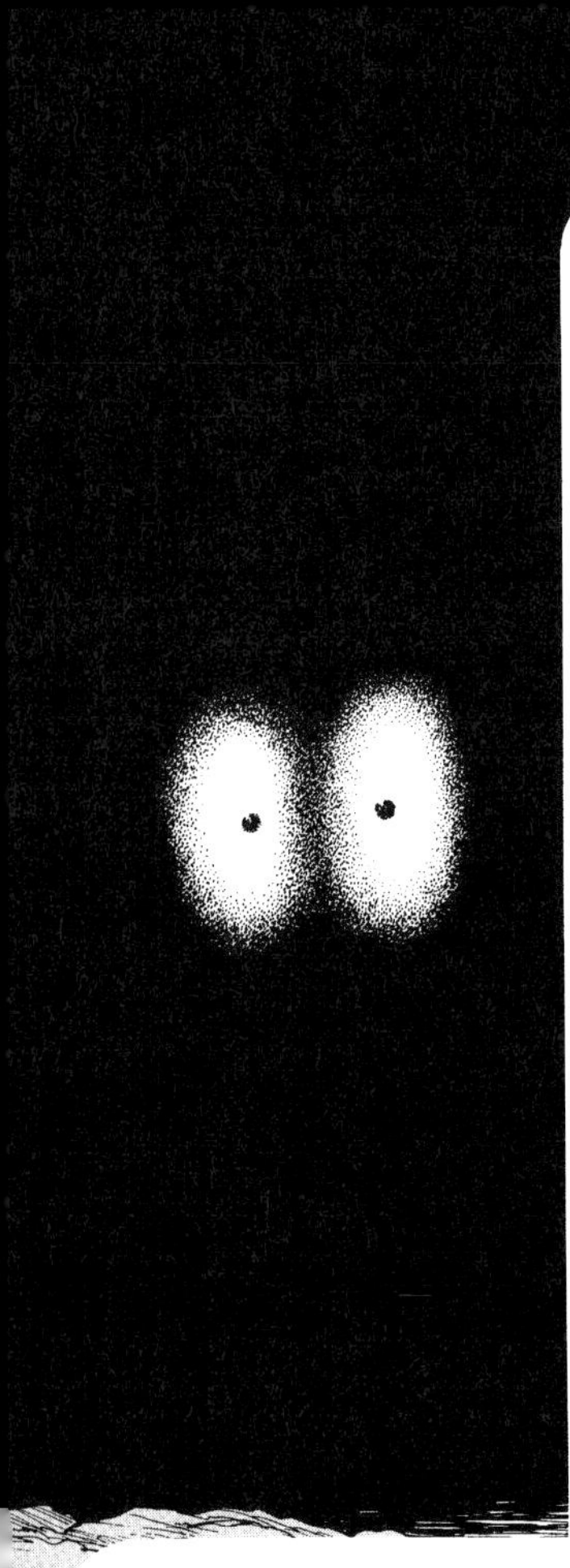

ピール城《じょう》が築《きず》かれた十七世紀《せいき》のころ、大《おお》きな毛《け》むくじゃらの黒犬《くろいぬ》が、どこからともなく、いつも番兵《ばんぺい》の詰《つ》め所《しょ》に現《あら》われた。どこの犬《いぬ》か、どうしてやってくるのか、だれにもわからなかったが、不気味《ぶきみ》な感《かん》じのする犬《いぬ》だったので、だれも声《こえ》をかけようとしなかった。

ここの番兵《ばんぺい》たちは、城《しろ》をしめたあと、その鍵《かぎ》をふたりして城主《じょうしゅ》のところまで届《とど》けに行《い》くことになっていたが、あるとき、酔《よ》っぱらった男《おとこ》が、相棒《あいぼう》をののしり、鍵《かぎ》を引《ひ》っつかんで、その黒犬《くろいぬ》をあざけりながら、ついてこい、と言《い》って、部屋《へや》を出《で》ていった。

犬《いぬ》は立《た》ち上《あ》がり、男《おとこ》のあとに続《つづ》いたが、ほどなくして、恐《おそ》ろしい叫《さけ》び声《ごえ》が聞こえた。仲間《なかま》が駆《か》けつけてみると、男《おとこ》はよろよろとしていて、顔《かお》は青白《あおじろ》く、ものも言《い》えない状態《じょうたい》だった。

そして、犬《いぬ》の姿《すがた》はどこにもなく、男《おとこ》はそれから三日《か》後《ご》に死《し》んでしまった。

この〝モーア・サ・ドゥー〟は、死《し》の前兆《ぜんちょう》だともいわれていて、あるとき、やはり長《なが》いもじゃもじゃの毛《け》をして炭火《すみび》のような目《め》をした犬《いぬ》に出会《であ》った人《ひと》が、まもなく自分《じぶん》の父親《ちちおや》を亡《な》くしたという話《はなし》が、伝《つた》えられている。

さらに、つぎのような話《はなし》もある。

ある漁船《ぎょせん》が、ピール港《こう》で船長《せんちょう》を待《ま》っていた。船長《せんちょう》は、夜《よ》づりのための乗組員《のりくみいん》を集《あつ》めに出《で》かけたまま、夜中《よなか》になっても、ついに帰《かえ》ってこなかった。翌朝《よくあさ》になって、船長《せんちょう》が仲間《なかま》のところに戻《もど》ってきて言《い》うには、

「昨夜《さくや》、帰《かえ》るところを大《おお》きな黒犬《くろいぬ》にじゃまをされて、どんなに別《べつ》の道《みち》を通《とお》っても、その黒犬《くろいぬ》がまえに立《た》ちふさがり、引《ひ》き返《かえ》さなければならなかった」

という。しかし、この日《ひ》の朝早《あさはや》くに、突風《とっぷう》が吹《ふ》き、出《で》ていた船《ふね》は、行方不明《ゆくえふめい》になった。この犬《いぬ》のおかげで、船長《せんちょう》たちは命拾《いのちびろ》いをしたのだった。

ノッグル

――イギリス

いろんな妖精《ようせい》たちを紹介《しょうかい》しよう❢

スコットランドの〝ケルピー〟と同《おな》じ種類《しゅるい》である。灰色《はいいろ》の小《ちい》さな馬《うま》であり、とても美《うつく》しい。〝ケルピー〟ほどわるい馬《うま》ではないという。

夜《よる》、水車《すいしゃ》が動《うご》いていると、燃《も》えているたいまつや、長《なが》いスチールのナイフを水車《すいしゃ》の穴口《あなぐち》に差《さ》しこんで、水《すい》車《しゃ》を止《と》めてしまうことがある。

また、水車《すいしゃ》のある川辺《かわべ》で、散歩者《さんぽしゃ》を背中《せなか》に乗《の》せようとする。しかし、うっかりそれに乗《の》ってしまうと、その人《ひと》を川《かわ》に沈《しず》めてしまう。

〝ノッグル〟の尾《お》は、車輪《しゃりん》の外《そと》わくのようなもので、先端《せんたん》がちぢれているという。

いろんな妖精《ようせい》たちを紹介《しょうかい》しよう！

キルムリス

——スコットランド

水車《すいしゃ》小屋《ごや》に出没《しゅつぼつ》する〝ブラウニー〟※のなかで、もっともグロテスクな妖精《ようせい》。口《くち》がなくて、大《おお》きな鼻《はな》がある。

〝キルムリス〟は、水車《すいしゃ》小屋《ごや》の主人《しゅじん》とその家族《かぞく》の繁栄《はんえい》のために、せっせと尽《つ》くしたり、〝バンシー〟※のように、人《ひと》の病気《びょうき》や不幸《ふこう》を、泣《な》き叫《さけ》びながらまえもって予告《よこく》した。

しかし、ふだんは、いたずらをして喜《よろこ》ぶようだ。地面《じめん》に乾燥《かんそう》させようと広《ひろ》げてある大麦《おおむぎ》の上《うえ》に、灰《はい》をふりかけたりする。

ただ、粉屋《こなや》だけは、〝キルムリス〟のいたずらを押《お》さえる呪文《じゅもん》を知《し》っていて、

「年老《としお》いた〝キルムリス〟よ」

などと、となえはじめると、〝キルムリス〟は息《いき》を切《き》らしながら姿《すがた》を現《あら》わし、粉屋《こなや》の命令《めいれい》をきくようになるという。

水車《すいしゃ》小屋《ごや》の守《まも》り神《がみ》のようなものであろうか。

※ブラウニー＝イギリスの小妖精。家事の精霊。
　バンシー＝死を予告する女の妖精。

いろんな妖精《ようせい》たちを紹介《しょうかい》しよう❢

ラムヒギン

——ウェールズ

漁師《りょうし》の網《あみ》をよく破《やぶ》る、水《みず》の悪魔《あくま》の一種《いっしゅ》で、足《あし》がなく、かわりに、翼《つばさ》と尾《お》をもった巨大《きょだい》なヒキガエルのような姿《すがた》をしている。

羊《ひつじ》を河《かわ》のなかに引《ひ》きこむ。そのとき、〝ラムヒギン〟は、恐《おそ》ろしい金切《かなき》り声《ごえ》をあげるので、漁師《りょうし》はびっくり

して気《き》を失《うしな》い、そのあと、羊《ひつじ》とともに水中《すいちゅう》に引《ひ》きこまれることもある。

日本《にっぽん》では、〝河童《かっぱ》〟と〝竜《りゅう》〟の中間《ちゅうかん》の妖怪《ようかい》がいないように、この〝ラムヒギン〟のような妖怪《ようかい》は見《み》られない。

それにしても、水中《すいちゅう》にもぐることもでき、翼《つばさ》で空中《くうちゅう》を飛《と》ぶこともできるという、潜水艦《せんすいかん》と飛行機《ひこうき》とを合《あ》わせたような、水陸両用《すいりくりょうよう》の妖怪《ようかい》はめずらしい。

〝天狗《てんぐ》〟とか、〝一反《いったん》もめん〟は、空《そら》を飛《と》べるけれども、河《かわ》とか海《うみ》とか水中《すいちゅう》となると、からっきしだめだ。

いろんな妖精《ようせい》たちを紹介《しょうかい》しよう！

ウリシュク

——スコットランド

〝ウリシュク〟は、半分人間《はんぶんにんげん》、半分《はんぶん》山羊《やぎ》の姿《すがた》をしており、気《き》が荒《あら》い。しかし、家《いえ》に現《あら》われるのは縁起《えんぎ》のいいことで、家畜《かちく》の番《ばん》をしたり、農場《のうじょう》の仕事《しごと》をしてくれる。

ふつうさびしい池《いけ》に出没《しゅつぼつ》するが、ときには人恋《ひとこい》しくなって、一晩《ひとばん》じゅう、こわがる旅人《たびびと》のあとをついて歩《ある》くことがあるという。

〝ウリシュク〟は、群《む》れをなさない妖精《ようせい》として暮《く》らしているが、ある時期《じき》がくるとみんなで集《あつ》まる。その集会所《しゅうかいじょ》は、湖《みずうみ》の近《ちか》くの洞穴《どうけつ》だといわれている。

いろんな妖精《ようせい》たちを紹介《しょうかい》しよう❢

パック

——イギリス

シェイクスピア（一五六四〜一六一六年《ねん》）の戯曲《ぎきょく》「真夏《まなつ》の夜《よ》の夢《ゆめ》」以《い》来《らい》、すっかり有名《ゆうめい》になってしまった妖精《ようせい》だ。

〝パック〟は、自分《じぶん》のことを、「夜《よる》をさまよう浮《う》かれ小坊主《こぼうず》」といっている。

雌《めす》の子馬《こうま》に化《ば》けたり、ときには焼《や》きりんごに化《ば》けて、薬酒《やくしゅ》のなかにもぐりこみ、ばあさんが飲《の》むのを待《ま》っていたりする。

三脚椅子《さんきゃくいす》になって、だれかが腰《こし》かけようとした瞬間《しゅんかん》に、ひょいとからだをかわし、人《ひと》に尻《しり》もちをつかせるといったいたずらも大好《だいす》きだ。

こんなにおもしろいのは、日本《にっぽん》でいうと〝河童《かつぱ》〟とか、〝かわうそ〟くらいしかないが、それよりもおもしろそうな妖精《ようせい》だ。

いろんな妖精《ようせい》たちを紹介《しょうかい》しよう!

レーシー

——ロシア

ロシアでは、森《もり》の精《せい》を〝レーシー〟という。〝レーシー〟は、森《もり》の支配《しはい》者《しゃ》であるともいわれているが、ばくちが大好《だいす》きで、金《かね》のかわりにうさぎやねずみなどをかける。

たとえば、こんな話《はなし》がある。

一八五九年《ねん》のことである。ロシアの〝レーシー〟とシベリアの〝レーシー〟とのあいだで、ばくちの大勝《おおしょう》負《ぶ》があった。その結果《けっか》、勝《か》ったのはロシア側《がわ》で、負《ま》けたシベリア側《がわ》は、ばくちに賭《か》けたくまねずみを、トボリスクからウラルの山《やま》を越《こ》えて、メーゼニのタイガへと追《お》いたてなければならなかった。

賭《か》けに負《ま》けたほうの〝レーシー〟は、くまねずみを追《お》いたて、居酒屋《いざかや》へ入《はい》りこんできて、叫《さけ》んだ。

「酒《さけ》をくれ!」

もう夜《よ》もふけていたので、主人《しゅじん》は断《ことわ》った。するとレーシー〟は、店《みせ》の片《かた》すみに手《て》をかけ、すこしばかり持《も》ち上《あ》げると、また大声《おおごえ》で叫《さけ》んだ。

「ウォッカをよこせ!」

これには主人《しゅじん》も驚《おどろ》いて、すぐさま差《さ》し出《だ》した。すると、〝レーシー〟は、これを一気《いっき》に飲《の》んで銭《ぜに》を払《はら》い、店《みせ》をもとどおりにおろした。そしてふたたび、くまねずみを追《お》いたてていってしまった。

いろんな妖精《ようせい》たちを紹介《しょうかい》しよう!

ラバルド・フィンド

――イギリス

〝ラバルド・フィンド〟は、〝ホブゴブリン〟と同《おな》じように、かまどの霊《れい》である。

日本《にっぽん》の〝かまど神《がみ》〟のようなものではないだろうか。

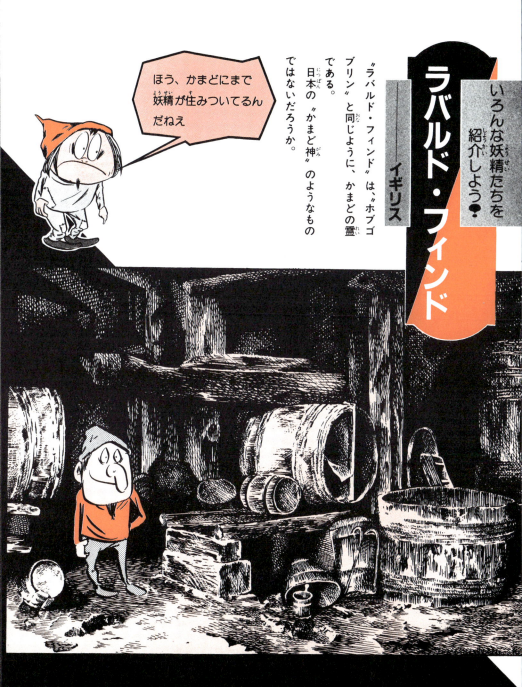

いろんな妖精《ようせい》たちを紹介《しょうかい》しよう！

シーブ

――イギリス

女《おんな》の妖精《ようせい》で、丘《おか》に住《す》み、貧《まず》しい人《ひと》人《びと》にお金《かね》を貸《か》してやる。しかし、約《やく》束《そく》の日《ひ》までに返《かえ》さないと、その人《ひと》たちをつまんで罰《ばっ》するだけではなく、財産《ざいさん》を取《と》りあげてしまうという。

この妖精《ようせい》たちは、夜《よる》は出歩《であ》るかないが、昼間《ひるま》、仲間《なかま》といっしょに人間《にんげん》の家《いえ》を訪《おとず》れることがある。そのときその家《いえ》に、きれいな水《みず》ときれいなタオルが用意《ようい》されているときは、自分《じぶん》の子《こ》どもたちを洗《あら》い、暖炉《だんろ》で暖《あたた》めると、鉢《はち》のなかか、くつのなかにお金《かね》を置《お》いていく。

しかし、用意《ようい》されていないばあいは、スープやミルク、ビールなどのなかで子《こ》どもたちを洗《あら》う。そして、その家《いえ》の主婦《しゅふ》のだらしなさを怒《おこ》り、金《きん》めっきをした子《こ》どものおむつで、主婦《しゅふ》の顔《かお》や手《て》を洗《あら》うか、または、川《かわ》へ連《つ》れていって、頭《あたま》や耳《みみ》に水《みず》を引《ひ》っかけるという。

いろんな妖精《ようせい》たちを紹介《しょうかい》しよう❢

伝令《でんれい》ドラゴン

——イギリス

イギリスで〝モンスター〟といえば、〝巨人《きょじん》〟とか〝ドラゴン〟のことである。
〝伝令《でんれい》ドラゴン〟は、いろいろな動《どう》物《ぶつ》の各《かく》部《ぶ》分《ぶん》を組《く》み合《あ》わせた〝モンスター〟である。
日本《にっぽん》でいうと〝ぬえ〟のような怪《かい》物《ぶつ》である。

それより、どんな声《こえ》で吠《ほ》えるのかしら？不思議《ふしぎ》だわあ…

いろんな妖精《ようせい》たちを紹介《しょうかい》しよう❢

グウィシオン

——ウェールズ

邪悪《じゃあく》な山《やま》の妖精《ようせい》で、夜《よる》、山道《やまみち》を歩《ある》く旅人《たびびと》を迷《まよ》わせる。山羊《やぎ》の友達《ともだち》でもあり、自分自身《じぶんじしん》も山羊《やぎ》の姿《すがた》をしている。冷《つめ》たい鉄《てつ》の刃《は》にとても弱《よわ》く、旅人《たび》がもしこれに気《き》づいたら、ナイフ一《ひと》つで身《み》を守《まも》ることができる。人間《にんげん》の家《いえ》を訪《おとず》れるという習慣《しゅうかん》もあり、それはとくに嵐《あらし》の日《ひ》などに多《おお》く、住民《じゅうみん》は、あとの害《がい》を恐《おそ》れて、心《こころ》よくもてなす必要《ひつよう》があると思《おも》っていたようだ。

日本《にっぽん》の〝万年竹《まんねんだけ》〟に似《に》たところがあるが、〝万年竹《まんねんだけ》〟はじっとしているのに対《たい》し、〝グウィシオン〟は〝山《やま》の神《かみ》〟のように歩《ある》いてくる。妖精《ようせい》にしても、神《かみ》さまにしても、やはり、訪《おとず》れてきたら、もてなして帰《かえ》すのが、洋《よう》の東西《とうざい》を問《と》わず、人間《にんげん》の知恵《ちえ》というところだろうか。

いろんな妖精《ようせい》たちを紹介《しょうかい》しよう❢

ファー・ディヤルグ

——アイルランド

〝ファー・ディヤルグ〟というのは、赤《あか》い男《おとこ》という意味《いみ》だ。赤《あか》い帽子《ぼうし》とコートをつけているからだが、いたずら好《ず》きで、それも、残酷《ざんこく》ないたずらばかりしている。

また、ある人《ひと》によると、〝ファー・ディヤルグ〟は、七十センチほどの小人《こびと》で、深紅《しんく》の帽子《ぼうし》をかぶり、深《しん》紅《く》のコートを着《き》て、長《なが》い灰色《はいいろ》の髪《かみ》、しわだらけの顔《かお》をしているという。

また、〝ファー・ディヤルグ〟は、自分《じぶん》のからだを暖《あたた》めるために家《いえ》のなかに入《はい》ってくるが、このとき、それを拒《こば》むと、よくないことが起《お》こるといわれている。

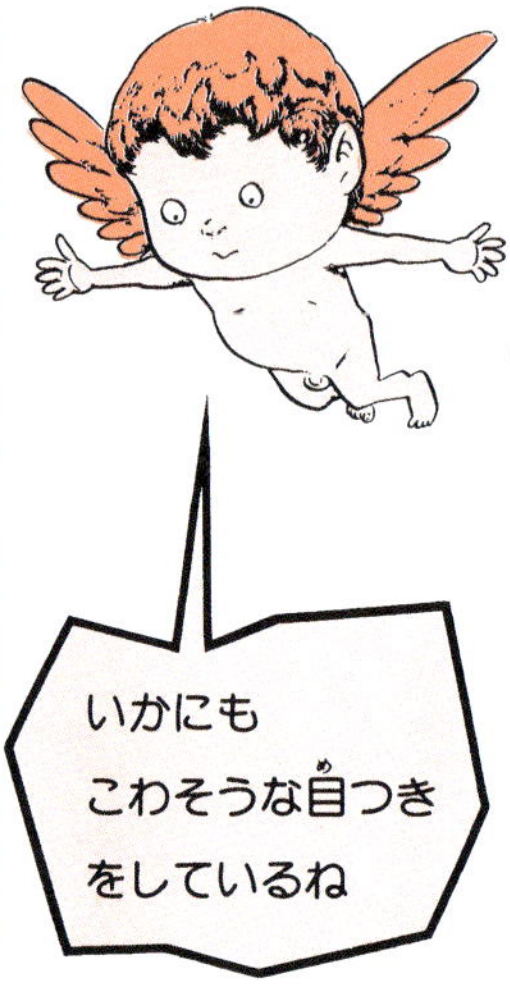
いかにも
こわそうな目《め》つき
をしているね

うん。ぼくもそんな気《き》
がしてたんだ

ねえ、どこかで
見《み》たことがある顔《かお》
だと思《おも》わない？

いろんな妖精《ようせい》たちを紹介《しょうかい》しよう！

ピクシー

――イングランド

人間《にんげん》と同《おな》じくらいの大《おお》きさだが、赤《あか》い頭《あたま》、とがった耳《みみ》、目標《もくひょう》の定《さだ》まらない目《め》をしている。緑《みどり》の服《ふく》を着《き》ており、夜《よる》、馬《うま》を盗《ぬす》んで〝ガリートラップス〟と呼《よ》ばれる妖精《ようせい》の輪《わ》を乗りまわす。

人間《にんげん》が、この輪《わ》の一つに両足《りょうあし》をふみ入《い》れるとつかまってしまうが、片《かた》足《あし》だけなら〝ピクシー〟を見《み》ることができ、つかまることもないという。

ふつうは目《め》には見《み》えない妖精《ようせい》が、妖精《ようせい》の輪《わ》に片足《かたあし》をふみ入《い》れると見《み》える、というところが、日本《にっぽん》の妖怪《ようかい》には見《み》られないおもしろさであろう。

いろんな妖精《ようせい》たちを紹介《しょうかい》しよう❣

ウァグ・アト・ザ・ウァ

——イギリス

国境地方《こっきょうちほう》の家《いえ》に住《す》みつく霊《れい》で、人間《にんげん》の陽気《ようき》な雰囲気《ふんいき》や、子《こ》どもたちといっしょにいることを好《この》む。

いつも、炉《ろ》の上《うえ》の自在《じざい》かぎの鉤《かぎ》に座《すわ》っていて、鍋《なべ》がかかっていないときは、この鉤《かぎ》に腰《こし》かけて、クスクスしのび笑《わら》いをしながら、ゆらゆらとゆすっている。

これだけだと、日本《にっぽん》の東北地方《とうほくちほう》に伝《つた》わる〝ざしきわらし〟とよく似《に》ているような感《かん》じだが、この霊《れい》のふつうの姿《すがた》というのは、ぞっとするような老人《ろうじん》で、背《せ》は低《ひく》く、足《あし》は曲《ま》がり、長《なが》いしっぽが、曲《ま》がった足《あし》を助《たす》けて座《すわ》りやすくしている。

ときどき、灰色《はいいろ》の上着《うわぎ》を着《き》て、頭《あたま》にはナイトキャップをかぶって現《あらわ》れる。

この霊《れい》の泣《な》きどころは、慢性《まんせい》の歯《は》痛《いた》で、歯痛《はいた》にゆがんだ顔《かお》を、このナイトキャップでおおったりする。

いろんな妖精《ようせい》たちを紹介《しょうかい》しよう♥

鉄《てつ》のジャック

——イングランド

鎖《くさり》をチャリンチャリンと鳴《な》らして歩《ある》く巨人《きょじん》で、夜《よる》、さびしい道《みち》を歩《ある》いている旅人《たびびと》を襲《おそ》って食《た》べる。

日本《にっぽん》の〝鬼《おに》ばばあ〟などは、ひとりずつしか食《た》べないが、鉄《てつ》のジャック〟は、なにしろ大《おお》きいので、一《いっ》ぺんになん人《にん》でも食《た》べてしまう。また、この大《おお》きさでは、逃《に》げてもすぐつかまってしまうというわけだ。

ほう、一《いっ》ぺんに10人《にん》ぐらい食《た》べちゃいそうなかんじだねえ

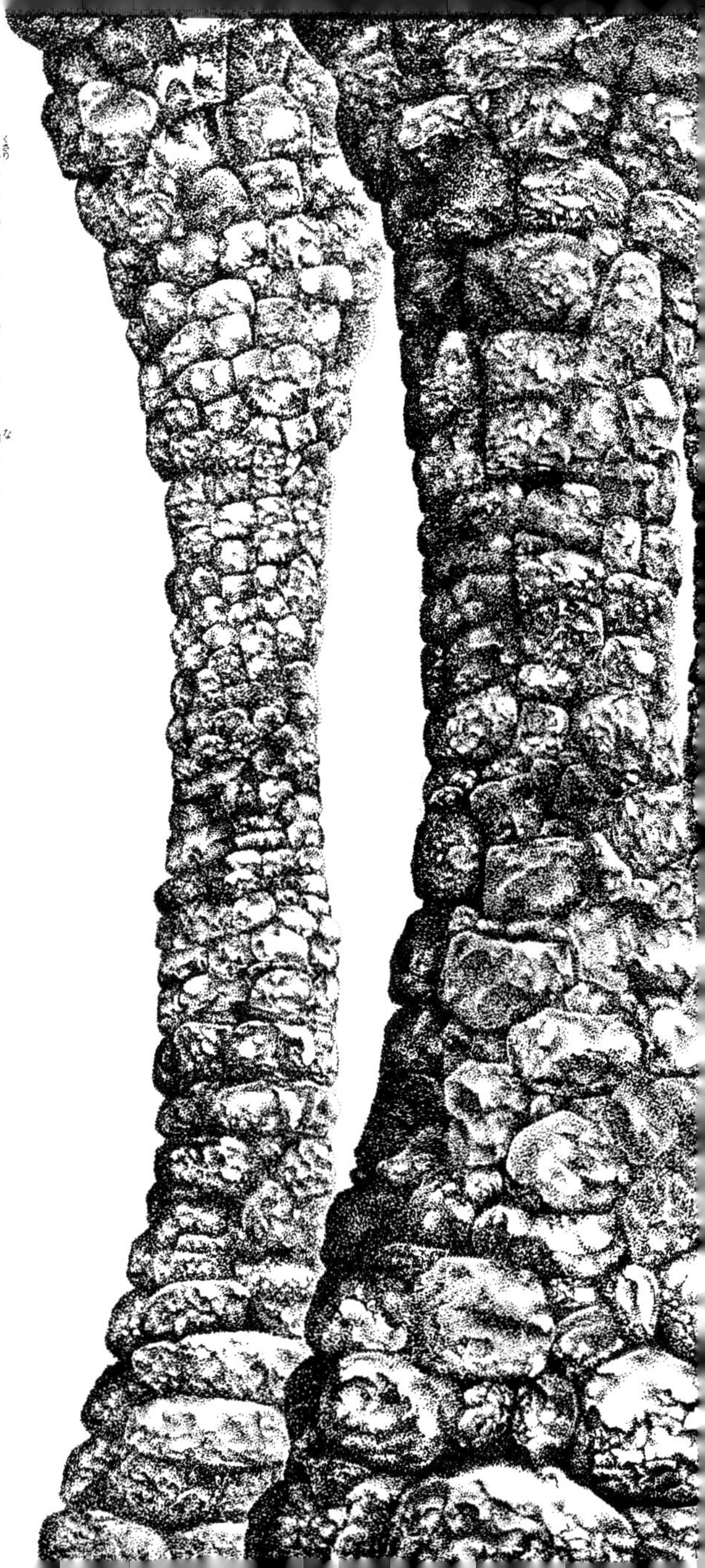

いろんな妖精《ようせい》たちを紹介《しょうかい》しよう！

ギリー・ドゥ

――スコットランド

樺《かば》の木《き》の森《もり》や、入江《いりえ》の南端《なんたん》のやぶのなかに住《す》んでいる。髪《かみ》が黒《くろ》く、木《き》や緑《みどり》ゴケでできた服《ふく》を着《き》ており、とても親切《しんせつ》な妖精《ようせい》だという。

ある夜《よ》、ジェシー・マックラーという女性《じょせい》が、森《もり》のなかで道《みち》に迷《まよ》ってしまった。すると、〝ギリー・ドゥ〟が現《あらわ》れて、一晩《ひとばん》じゅう、とても親《しん》切《せつ》に世話《せわ》をしてくれ、翌朝《よくあさ》には、ちゃんと家《いえ》まで送《おく》ってくれた、ということだ。

日本《にっぽん》の〝山男《やまおとこ》〟のなかにも、この〝ギリー・ドゥ〟のように親切《しんせつ》なのがいる。

こうしたものは、きっと山《やま》の精《せい》なのであろう。

いろんな妖精《ようせい》たちを紹介《しょうかい》しよう！

泥《どろ》んこ足《あし》

──スコットランド

小川《おがわ》に住《す》んでおり、水《みず》をバチャバチャとはねながら歩《ある》き、泥《どろ》んこ足《あし》で近《ちか》くの農家《のうか》に上《あ》がりこむ。そして、散《ち》らかっているときはきちんとかたづけ、きちんとしてあるときは散《ち》らかす。

人々《ひとびと》は、この〝泥《どろ》んこ足《あし》〟が住《す》んでいる小川《おがわ》のそばを通《とお》るのを恐《おそ》れたという。しかしあるとき、市《いち》を見《み》て帰《かえ》ってきた男《おとこ》が、小川《おがわ》のあたりでバチャバチャという音《おと》を聞《き》いて、声《こえ》をかけた。

「よう、あんたかね？〝泥《どろ》んこ足《あし》〟さん」

すると、

「ああ、おいらには、ちゃんと名《な》まえがあったんだ。〝泥《どろ》んこ足《あし》〟だよ」

と言《い》って、〝泥《どろ》んこ足《あし》〟は、それ以来《いらい》、永久《えいきゅう》に姿《すがた》を消《け》した。

いろんな妖精《ようせい》たちを紹介《しょうかい》しよう！

レプラカーン

――アイルランド

妖精《ようせい》の靴屋《くつや》である。〝レプラカーン〟の話《はなし》は、つぎのような歌《うた》で残《のこ》されている。

小《ちい》ちゃなカウボーイさん
うらさびしい緑《みどり》の丘《おか》で
なにが聞《き》こえたの？
荒《あ》れた野原《のはら》を飛《と》びまわる
悲《かな》しくあわれな黄鳥《おうちょう》の声《こえ》？
チャリー　チャリー　チャリー
チェー！
きりぎりすとみつばちの
楽《たの》しい鳴《な》き声《ごえ》？
ティプ　タップ
リップ　ラップ
ティック　ア　タック　トゥ！
真《ま》っ赤《か》な皮《かわ》を縫《ぬ》い合《あ》わせれば
すてきな靴《くつ》ができるんだ
左右《さゆう》きっちり引《ひ》っぱろう
地上《ちじょう》の夏《なつ》は暑《あつ》いけど
地面《じめん》の下《した》は冬《ふゆ》なのさ
嵐《あらし》なんてくそくらえ！

地面《じめん》に耳《みみ》をつけてごらん
なにやら騒《さわ》ぎが聞《き》こえるよ
〝エルフ〟のハンマー
カチカチいう音《おと》
〝レプラカーン〟のかん高《だか》い声《こえ》
彼《かれ》はゆかいに仕事《しごと》をするのさ
彼《かれ》はちっちゃな靴屋《くつや》さん
背《せ》の高《たか》さは十センチたらず
彼《かれ》の姿《すがた》を見《み》つけたら
しっかりつかまえてごらん
そしたら君《きみ》はラッキーボーイさ

いろんな妖精《ようせい》たちを紹介《しょうかい》しよう

スルーア

——スコットランド

ナッハッハ
みんなもわるいことを
しちゃいけないヨ!!

罪《つみ》を許《ゆる》されなかった死者《ししゃ》たちの一《いち》団《だん》である。ムクドリのように、大《おお》きな群《む》れをなして飛《と》びまわり、この世《よ》とあの世《よ》とを行《い》ったり来《き》たりする。罪《つみ》のつぐないをするまでは、天国《てんごく》へ行《い》くことができないのだ。

ふだんは、枯葉色《かれはいろ》の小《ちい》さなスカンポ※の茎《くき》や、黄色《きいろ》の小《ちい》さなノボロギクの茎《くき》のなかに隠《かく》れているが、ときどき、空中《くうちゅう》で戦《たたか》う。とても寒《さむ》い夜《よる》などその音《おと》が聞《き》こえたり、姿《すがた》が見《み》えたりする。戦《たたか》いのあと、岩《いわ》や石《いし》にまっ赤《か》な血《ち》がついていることもある。

毒《どく》のついた槍《やり》を投《な》げて、犬《いぬ》や猫《ねこ》、羊《ひつじ》などを殺《ころ》したり、人間《にんげん》を病気《びょうき》にさせたりすることもある。

※スカンポ＝スイバ。タデ科《か》の植物《しょくぶつ》。赤《あか》みがかった色《いろ》をしていて、葉《は》は長《なが》く大《おお》きい。

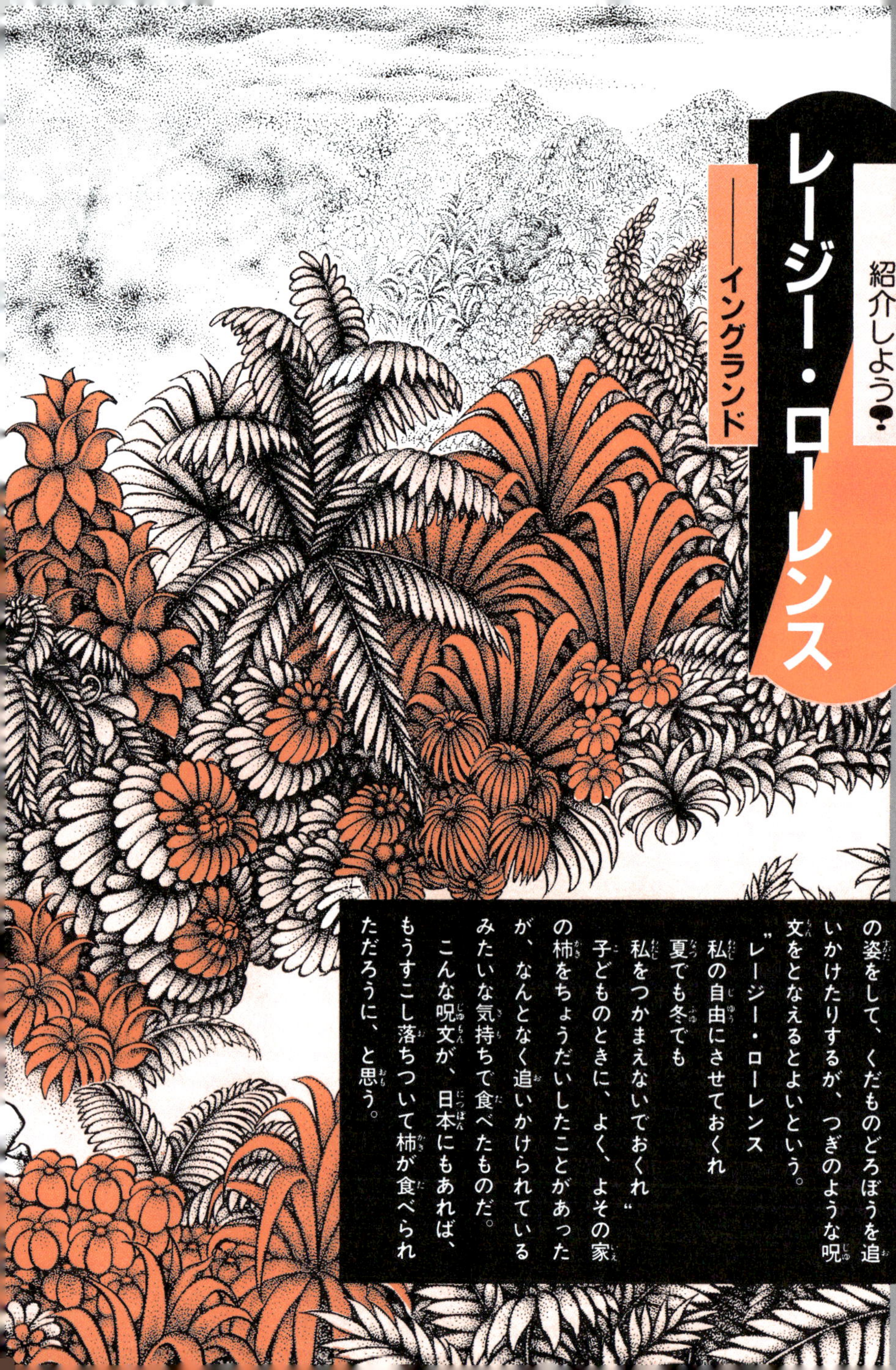

いろんな妖精《ようせい》たちを紹介《しょうかい》しよう！

レージー・ローレンス

――イングランド

果樹園《かじゅえん》の守護霊《しゅごれい》で、ときには、銃《じゅう》の姿《すがた》をして、くだものどろぼうを追《お》いかけたりするが、つぎのような呪《じゅ》文《もん》をとなえるとよいという。

〝レージー・ローレンス
私《わたし》の自由《じゆう》にさせておくれ
夏《なつ》でも冬《ふゆ》でも
私《わたし》をつかまえないでおくれ〟

子《こ》どものときに、よく、よその家《いえ》の柿《かき》をちょうだいしたことがあったが、なんとなく追《お》いかけられているみたいな気持《きも》ちで食《た》べたものだ。

こんな呪文《じゅもん》が、日本《にっぽん》にもあれば、もうすこし落《お》ちついて柿《かき》が食《た》べられただろうに、と思《おも》う。

いろんな妖精《ようせい》たちを紹介《しょうかい》しよう！

シルキー
——イングランド

パッパパ～
ぼくもこんなガールフレンドがほしいなあ

さらさらした絹《きぬ》の服《ふく》を着《き》た女《おんな》の妖《よう》精《せい》で、家《いえ》の雑用《ざつよう》をする。

ある家《いえ》に、ふたりの老婆《ろうば》が住《す》んでいた。その家《いえ》は、ふたりで住《す》むには広《ひろ》すぎる家《いえ》で、ふたりの老婆《ろうば》は、よくこんなことを言《い》っていたという。

「まったく、私《わたし》たちだけじゃ、こんなに広《ひろ》い家《いえ》をどうしたらよいかわからないね。ほんとうに〝シルキー〟のおかげだよ」

〝シルキー〟は、このふたりの老婆《ろうば》のために、火《ひ》をおこしたり、その他家《たいえ》の雑用《ざつよう》をすべてしてくれていたのだ。

このふたりが死《し》んだのち、ある男《おとこ》がこの家《いえ》を借《か》りた。しかし、性格《せいかく》のわるい男《おとこ》だったので、〝シルキー〟にいたずらばかりされ、ついには家《いえ》を追《お》い出《だ》されてしまったという。

ウギャー
早《はや》くはなしてよー
パッパパ〜
みんな、どうだった？
ほう、なかなかおもしろかったねえ
ニッヒッヒ。つぎの本《ほん》でまた会《あ》おうぜ!!

解説

井村君江

水木しげる、と言うと「妖怪」と返ってくる。だが初期には「妖精」を徹底的に描いており、日本との比較・必然から、怪物、お化け、魔物、ものの怪、幽霊など日本各地の妖怪を描かざるを得なくなる。「妖怪も妖精も「もと」は霊なのだ」とする水木しげるにとって当然かもしれぬが、そこに至る様々な足跡を示す貴重な画集である。

この大百科は2部から成る。1部は「妖精の世界へようこそ」の31個で、妖精を種類、時間、変身、入浴、技術、葬儀と様々な面から説明しており、2部は「いろんな妖精たちを紹介しよう」の51個で、ゴブリンやプーカ等を具体的に絵にして存在させ紹介している。大方はイギリスであり、スコットランド、アイルランド、ウェールズ、イングランドと地域別に明記してあるが、エルフはヨーロッパ、外来妖精はポーランドとロシアだけである。

群れる小さな男の子が多いが、白鬚の老人も妖精女王の美しい女性もシルクハットの紳士も登場する。ウリシュクのような山羊もケルピーのような馬もいれば、気味の悪い妖怪に近いナックラビーもいる。「妖精が人間からものを貰う」ことは日本ではあり得ない（グルアガッホ）との相違に気づいたり、「蟻が戦うのを見ていた」（ムリアン）等の文には人間水木しげるが感じられるし、「私の呪文はフワリンパッパ」と言う木の葉服の小妖精には創意がある。原書や昔話も交えての説明も、水木流のものである。

妖精の呼び名に地域性があることや、古来からの妖精と現代人が子守りのために作った妖精の区別なども考慮してあれば尚良かったと思う。だが、この妖精大百科は動植物に小人の妖精を見て描いた少年時代の『天昆童画集』（未刊行）に連なり、「限りなく妖精に近い妖怪」の「ゲゲゲの鬼太郎」に続く必然性を見せる貴重な巻であろう。

水木しげる
妖精大百科

2017年3月4日　初版第1刷発行

著　者　水木しげる
発行者　山川史郎
発行所　株式会社　小学館クリエイティブ
〒101-0051　東京都千代田区神田神保町2-14
SP神保町ビル
電話　0120-70-3761(マーケティング部)
発売元　株式会社　小学館
〒101-8001　東京都千代田区一ツ橋2-3-1
電話　03-5281-3555（販売）
印刷・製本　図書印刷株式会社
装　丁　三宅政吉
販　売　北森 碧（小学館）
編　集　山田英生
DTP　オフィスアスク

Printed in Japan
ISBN　978-4-7780-3524-2